◀ 梅明平老师与南孚丰蓝 1 号电池形象代言人刘仪伟先生合影

▼ 梅明平老师在南孚企业大学商学院培训经销商的现场

梅明平老师培训美的环境电器经销商现场 ▶

梅明平老师在美的学院培训新入职的销售员工 ▶

▲ 梅明平老师给福田电器董事长梁锡强先生颁发结业证书

▲ 梅明平老师与雷丁汽车总经理王清礼先生合影

福田电器董事长给梅明平老师颁发营销顾问聘书 ▶

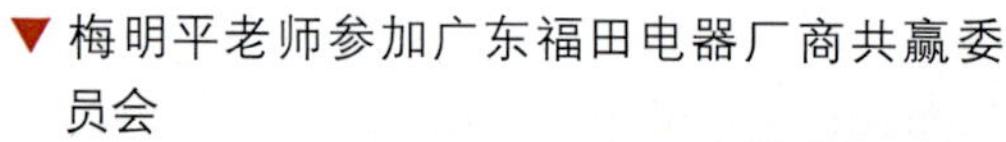

▼ 梅明平老师参加广东福田电器厂商共赢委员会

▲ 梅明平老师与荣钢厂商共赢委员会成员合影

▲ 梅明平老师给香港颖通总裁刘钜荣先生颁发结业证书

◀ 梅明平老师与法国派丽集团副总裁兼派丽中国董事长徐英先生合影

▼ 梅明平老师培训北京汉能销售总监

◀ 梅明平老师与东君集团总经理王振顺先生合影

▼ 梅明平老师培训云南白药区域经理现场

梅明平老师与辽宁吴大嫂水饺董事长题兆岭先生合影 ▶

梅明平老师与广州丰胜花园木董事长吴海明先生合影 ▶

经销商激励

Distributor Incentives

梅明平 著

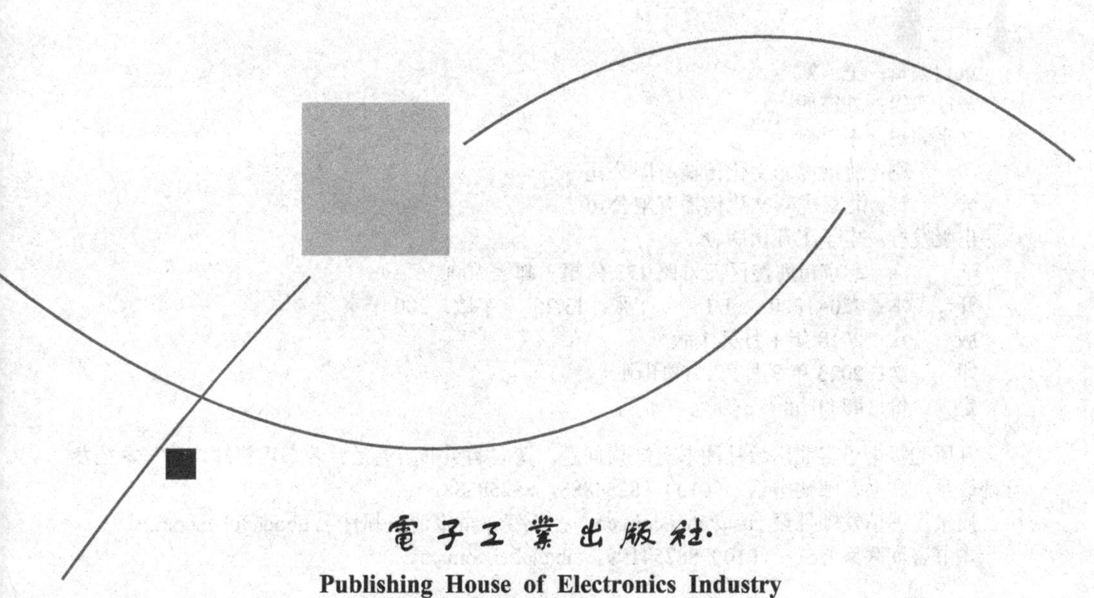

電子工業出版社
Publishing House of Electronics Industry
北京 · BEIJING

图书在版编目（CIP）数据

经销商激励 / 梅明平著. —北京：电子工业出版社，2018.1
ISBN 978-7-121-33360-6

Ⅰ. ①经… Ⅱ. ①梅… Ⅲ. ①经销商－销售管理Ⅳ. ①F713.3

中国版本图书馆 CIP 数据核字(2017)第 321903 号

策划编辑：王　斌
责任编辑：刘露明
文字编辑：王　斌
印　　刷：北京虎彩文化传播有限公司
装　　订：北京虎彩文化传播有限公司
出版发行：电子工业出版社
　　　　　北京市海淀区万寿路 173 信箱　邮编 100036
开　　本：720×1000　1/16　印张：13.25　字数：200 千字
版　　次：2018 年 1 月第 1 版
印　　次：2023 年 3 月第15次印刷
定　　价：48.00 元

凡所购买电子工业出版社图书有缺损问题，请向购买书店调换。若书店售缺，请与本社发行部联系，联系及邮购电话：（010）88254888，88258888。
质量投诉请发邮件至 zlts@phei.com.cn，盗版侵权举报请发邮件至 dbqq@phei.com.cn。
本书咨询联系方式：（010）88254199，sjb@phei.com.cn。

前言

本书是专门阐述企业如何激励经销商的书，是许许多多企业销售总监、区域经理和基层销售人员梦寐以求的书。

我从事销售工作和渠道销售培训、企业渠道咨询多年，对企业和经销商积累了一定的认识和了解，目睹了无数企业与经销商“相爱相杀”的场景。我在培训的过程中，发现企业销售人员面临的最大挑战是如何对经销商进行有效的激励。每次讲课过程中，经销商激励的部分都受到企业销售总监、区域经理和基层销售人员的格外关注。我想，这大概是一个十分普遍而又棘手的难题吧。

我自身的经销商管理理论与实践经历表明，要想让厂家的经销商销量倍增，必须把对经销商的激励提到一个非常重要的位置。有时候，企业经销商积极性的提高直接和企业的经销绩效挂钩。而提高经销商积极性，则有赖于企业制定一系列有力的经销商激励政策。比如，建立厂商共赢委员会可以让经销商之间进行沟通，由经销商自行处理市场违规事件，形成经销商的自律，大大减轻了企业的市场管理压力；建立科学的返利系统，提高返利比率，可以大大提高产品的竞争力，提高经销商销售产品的积极性；开展经销商销售、技能、服务竞赛等，在激发经销商求胜欲望的同时，还可以促进经销商之间的交流，拉近企业和经销商之间的距离。

但是，在经销商的管理实践中，厂家销售人员几乎都遇到了同样的难题——没有一本系统的书籍可供参考。有的网站和文章会提到经销商激励，也认为经销商激励很重要。然而，这些网站或文章，阐述的内容都是零散的、不成体系的。

有的案例针对个别企业，没有理论基础，又不具有广泛的指导意义。有人说可以向专业人士请教，可是向专业人士请教会消耗大量宝贵的时间和经济成本。厂家销售人员一筹莫展，不知如何是好。

鉴于此，我想，那就把我掌握的和学习到的关于经销商激励的理论、实践结合起来，写一本比较全面的有关经销商激励的书吧。希望能给广大企业销售工作者带来一些帮助，如此我便十分欣慰。同时希望本书能够起到抛砖引玉的作用，会有更多探讨经销商激励的优秀作品出现。

我曾在世界500强企业担任销售高管十多年，离开企业后，又专门从事经销商管理方面的培训与咨询工作十多年。1 000多场培训的实战经验，近百家企业的咨询经历，20年经销商管理行业的经历融会成了一套行之有效的经销商管理实践方法。同时，我在武汉大学、华中科技大学进修，广泛阅读其他优秀学者对经销商管理的探讨和研究成果，在吸取前人精华的基础上，自己也进行了长期的思考与整理。厚积而薄发，本书正是将实践与理论结合在一起的一个较为全面的总结。本书结构清晰，全书围绕经销商激励展开，在简明扼要的基础上，力求每章可以将重点方法介绍得细致和全面。本书案例丰富，通俗易懂，便于读者迅速理解和转化到实践中去。希望本书能帮助厂家销售工作者建立经销商激励的理论基础和知识框架，制定出十分有效的经销商激励政策，建立一套完善的经销商管理方法论。另外，本书对咨询人员、培训师也有帮助，也可以成为高校营销类学生及MBA、EMBA学生的辅导阅读教材，以及营销渠道研究人员的参考资料。

本书共11章，每章的内容简述如下。

第1章，经销商激励概论。主要介绍经销商激励的一些基本概念，以及国内外学者的研究成果，形成理论基础，帮助厂家销售人员明确经销商激励的重要作用。

第2~7章，激励经销商的相关政策。这里的政策主要包括销售政策激励、返利激励、销售竞赛激励、限量供货激励和促销激励。这些内容是我对实践中运用的一些方法的总结，大部分属于原创，而且通过实践证明是有效的，企业照搬就行。

第8~9章，培训激励和员工协销激励。提高经销商素质的方式主要是进行经销商培训，培训激励章节详细介绍了经销商培训的方式方法和注意事项。员工协销激励章节主要介绍销售人员如何服务好经销商，调动经销商积极性，从而提高销售业绩。企业按照这些从实践中总结出来的经验去做，定会有所收获。

第10~11章，厂商共赢委员会激励和年会激励。厂商共赢委员会这个名称是我原创的一种供企业和经销商沟通交流的平台，更是企业激励经销商的重要手段。经销商当家做主的权力得到了保障，积极性将会大增。经销商年会表扬优秀经销商，宣布来年的计划和安排。这两个章节详细介绍了举办这两个会议的意义、步骤、方法和注意事项。

本书在撰写过程中，引入了专家学者和同行的相关观点，我会尽量标注出处。对于引用了相关观点而没有标注出处的内容，请作者与我联系，我的邮箱是meimingping@163.com。

本书得以出版，非常感谢邀请我进行培训和咨询的1 000多家企业，如格力、美的、益海嘉里、福田电器、雷丁汽车、青岛啤酒、东鹏陶瓷等。包括企业销售总监、大区经理、基层销售人员和经销商等在内的20多万名培训学员和咨询现场的反馈与需求，让我下定决心尽快出版本书。

非常感谢定位为中国经销商管理专家的新蓝海咨询的全体员工。在销售渠道发生巨大变革的今天，在培训和咨询市场竞争异常激烈的环境下，新蓝海咨询的祝智君等全体员工，为中国的经销商管理领域继续服务，不断地为实现中国厂商共赢做出贡献。

非常感谢武汉大学市场营销专业在读研究生孟弦，她在大四的社会实践中，参与了新蓝海咨询对广东福田电器、广东荣钢消防管道两个经销商的管理咨询项目，对经销商管理尤其是经销商激励方面有了明确的认知。她参与了本书的资料收集和文字整理工作，对相关信息轻车熟路、信手拈来，体现了专业知识的深厚功底和对实践的融会贯通。

非常感谢电子工业出版社的编辑王斌，在我培训与咨询工作比较忙的情况下，是她不断激励我快速完成本书内容并帮助尽快出版。

最后，在经销商激励的实践中，希望本书能为广大读者的实际工作助一臂之力。

梅明平

目录

第 1 章

经销商激励概论

合同关系仅仅能使人的潜力发挥 20%~30%，而如果受到充分激励，其潜力可发挥至 80%~90%。这是因为激励可以调动人的积极性。

——美国哈佛大学心理学家　威廉・詹姆士

企业痛点

★ 在激励经销商的决策过程中，往往出现两种偏激的做法：一是以厂家为主，在不了解经销商的需求的情况下，厂家凭自己的想象做出激励的决策；二是以经销商为主，经销商要什么就给什么。这两种决策过程都不科学，难以实现理想的激励效果。

★ 很多厂家只是一味要求经销商提高销量，并不关心经销商的需求，更不用说去满足经销商的需求，导致经销商十分反感，与企业对着干，甚至分道扬镳。

★ 经销商都是独立的经济实体，他们在组织目标、战略、经营管理方法、经营理念等方面都与厂家有很大的差别。厂家决策者不知道该采取什么行之有效的方法才能调动经销商的积极性，在实现企业目标的同时，也满足经销商各自的需求。

★ 经销商与厂家之间更多的是一次性交易关系，谈不上真正意义上的合作关系，更不用说要建立长期稳定的厂商共赢关系了。企业发现经销商的积极性下降，热情不再，小富即安，却不知道其中的原因，或者即使知道原因，又苦于没有方法进行改变，导致销量持续下降。

★ 有能力的经销商销售业绩却一般，厂家无法利用经销商的能力帮助厂家提升销量。

本章重点

阅读本章后，你能够了解：

- 经销商激励的定义
- 经销商激励的 6 个目的
- 经销商激励的 6 项原则
- 经销商激励的 2 种理论

经销商激励的定义

激励，指激发人的动机，使其产生内在动力，以朝着所期望的目标前进的活动过程，目的是调动人的积极性。

经销商激励，指为完成分销目标，厂家所采取的促使经销商高度合作的行为。

从经销商激励的定义可以看出，第一，经销商激励是紧紧围绕“完成分销目标”而开展的一切工作。所以，厂家必须有明确的“分销目标”，包括月度分销目标、季度分销目标和年度分销目标。第二，经销商激励是“厂家所采取的行为”，而不是经销商采取的行为，厂家是激励的主体。厂家不采取激励行为，经销商就不会被激励，所以，厂家必须要研究如何有效地激励经销商，而不仅仅是将产品交给经销商，然后坐等销量上升。第三，经销商激励是“促使经销商高度合作的行为”，是经销商愿意与厂家高度合作的行为，而不仅仅是厂家希望经销商采取的行为。所以，厂家必须研究经销商在哪些方面愿意与厂家高度合作，而且要确保经销商愿意高度合作的项目与“完成分销目标”有关。

经销商激励的目的

经销商激励是经销商管理中的重要工作，厂家必须认识到经销商激励的目的。

完成销售目标

厂家要提高销量，有赖于经销商的密切配合。厂家对经销商进行激励，有助于经销商协助厂家提高销售业绩，完成厂家销售目标。比如，通过提高产品返利比例，刺激经销商大幅度增加产品销售。

收集市场信息

经销商接触到的渠道下游和终端消费者比厂家更多，他们更及时、准确地了解消费者对厂家产品的使用体验和看法，以及消费者新的消费需求。但经销商很少主动将掌握的信息反馈给厂家。缺乏经销商的及时反馈，厂家很难及时获得对消费者需求的准确理解，自然也无法提高消费者满意度。因此，厂家可以针对市场信息制订相应的经销商激励计划，以达到广泛收集市场信息、把握市场动态和消费者需求变化的目的。比如，设置“经销商信息反馈奖”，鼓励经销商及时收集和反馈市场信息。

传播品牌形象

经销商是连接厂家和消费者的桥梁，他们比厂家更了解消费者，也比消费者更了解厂家产品。企业激励经销商，鼓励他们帮助传播企业产品的有效信息，帮助消费者决策，以推广、维护和提升产品的品牌形象。比如，厂家对于经销商在当地开展新产品推广活动，设置店招、路牌广告等给予奖励。

获取竞争优势

区域市场竞争越来越激烈，厂家可以利用的渠道资源越来越少。对经销商进行激励有利于巩固厂家和经销商之间的关系，稳定的厂商关系是获得区域市场竞争优势的重要保证。

做到淡季不淡

大多数产品不可能一年四季都畅销，都有季节性。在淡季，企业销量自然下降。厂家需要通过激励政策鼓励经销商在淡季销售产品，使得产品在销售淡季也能有一定的销售量，保证市场份额不会有很大的波动。

获得更大的销售空间

在销售空间上，产品促销、产品陈列很多时候是由经销商和终端零售商负责的。企业销量的提高和市场份额的扩大需要经销商积极地扩大市场，因此，对经销商进行激励，促使他们积极地推销企业的产品，创造更大的销售空间。

经销商激励的原则

客观公平原则

经销商激励的目的是调动经销商的积极性，提高厂家产品的销售量和扩大市场份额。因此，经销商激励必须依据客观实际，适当拉开各经销商之间的差距。人们习惯将自己的付出和所得进行比较，如果付出差别大，但是所得差别小，必然是有失公平的。要在客观实际的基础上，兼顾公平。

目标一致原则

厂家对经销商进行激励，必须明确激励的目标，用目标的达成来指导激励计划的制订和实施。目标设置要体现厂家的目标要求，同时兼顾经销商的目标。力求厂商目标一致，相辅相成，实现厂商共赢。

需求匹配原则

经销商激励要做到满足经销商的需要，厂家的激励政策和经销商的期望一致。在实际中，受区域市场状况、经销商本身实力等影响，经销商的需求各不相同。这要求厂家必须深入了解经销商的需求，有针对性地对经销商采取激励措施。

频率适度原则

经销商激励的频率必须把握好一个“度”，过多或过少都会产生不良的影响。如果激励过多，则会给厂家增加负担，因为这意味着厂家的让利和销售成本的增加。同时，经销商会形成很不好的习惯，认为这是理所应当的，欲望会进一步膨胀，甚至会引发产品市场秩序的混乱。如果激励过少，则无法让经销商满意，自然无法达成企业的激励目标。

稳定性和差异性原则

政策出台后一段时间内，政策须维持稳定，对于个别经销商提出的调整要求须慎重，避免政策失去效力。政策须创新、独特，在同行、不同市场之间进行比较，避免雷同，也要适应当地市场。

规范性和灵活性原则

在坚持原则的基础上灵活操作，规范市场。对于市场上普遍存在的窜货、低价等现象，有比较严格的政策来管理。把握好尺度，既能提升经销商积极性，又能规范现有市场。政策也要与时俱进，面对一些新的合作可能及项目时，必须有灵活性，可及时应对。

经销商激励的理论

马斯洛需求层次理论

著名的马斯洛需求层次理论认为，人们普遍具有五种基本的需求，包括生理需求、安全需求、感情需求、尊重需求和自我实现需求。马斯洛认为，这五种需求是逐级上升的，尊重与自我实现均属于高层次的需求，而其他需求则在低层次范围内。当底层的需求得到满足之后，就会寄更多希望于满足高层次的需求，这就是“马斯洛理论效应”。

在经销商激励方面，马斯洛需求层次理论强调了很重要的一点，就是已经被满足了的需求不能激励经销商的任何销售行为。比如，只是简单地对经销商进行返利，并不会刺激经销商进行更多的销售推广行为。厂家需要对经销商的需求进行准确的判断和评估，才能有效激励经销商。马斯洛需求层次理论与经销商需求层次的对应关系如图 1-1 所示。

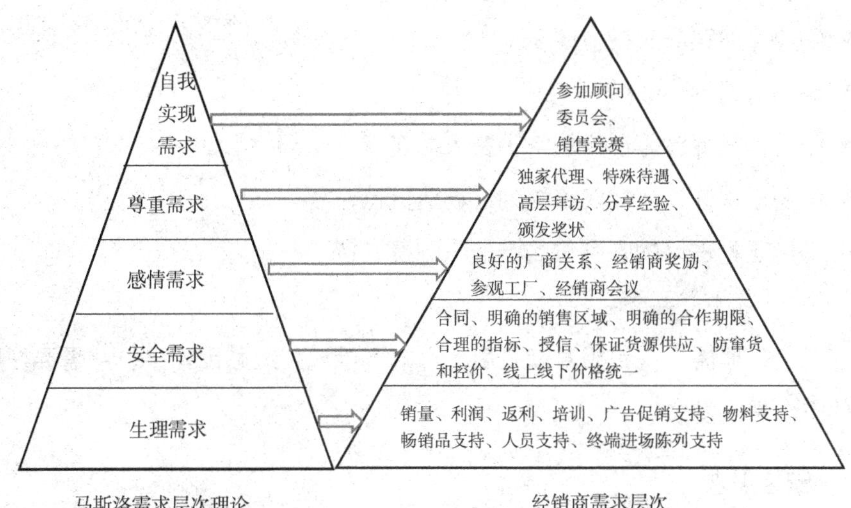

图 1-1　马斯洛需求层次理论与经销商需求层次的对应关系

下面对每个层次进行详细介绍。

1. 生理需求

如果空气、水、食物、睡眠等需求的任何一项得不到满足，人的生理机能就无法正常运转。换言之，人的生命就会受到威胁。在这个意义上说，生理需求是推动人们行动最首要的动力。马斯洛认为，只有这些最基本的需求满足到维持生存所必需的程度后，其他的需求才能成为新的激励因素，而到了此时，这些已相对满足的需求也就不再成为激励因素了。

对经销商而言，生理需求就相当于生存需求。厂家为了确保经销商的基本生存需求，需要确保经销商有一定的销量和利润以维持生计。为此，厂家应该给经销商提供：

- 合理的销量返利
- 合理的产品批零差
- 产品知识和销售技巧的培训
- 提升区域市场品牌形象的广告支持

- 提升经销商销量的产品促销支持
- 物料等助销品支持
- 适销对路的产品
- 帮助铺货促销等厂家驻地销售人员支持
- 有利于快速进入零售终端的进场费支持
- 有利于抢占好的陈列位的产品陈列费支持

……

当以上生理需求得到相对满足后，也就不再成为激励因素了，就需要往更高一级的安全需求发展。

2. 安全需求

这是人类在保障自身安全，摆脱失业和丧失财产威胁，避免职业病的侵袭，摆脱严酷的控制等方面的需求。马斯洛认为，人的整个有机体是一个追求安全的机制，人的感受器官、效应器官、智能和其他能量主要是寻求安全的工具，甚至可以把科学和人生观都看成满足安全需求的一部分。

对经销商而言，在与厂家的合作过程中，同样有安全需求。经销商希望能够与厂家长期合作，也希望对市场的投资能够确保回报。厂家为了确保经销商的经营安全，应该给经销商提供：

- 质量安全可靠的产品
- 确保合法的经销合同
- 明确的产品销售区域
- 更长时间的合作期限
- 比较合理的销售指标
- 有一定额度的授信或铺货
- 稳定的货源供应，确保不缺货
- 严密的防窜货制度，并承诺严格执行
- 严格的控价政策，并确保市场价格稳定

- 线上线下价格统一，减少消费者“搭便车”现象
- 线上销量和利润与经销商共享
- 优先续签合同的权利
- 明确的绩效考评和优胜劣汰制度

……

当以上安全需求得到相对满足后，也就不再成为激励因素了，就需要往更高一级的感情需求发展。

3. 感情需求

这一层次的需求包括两个方面的内容。一是友爱的需求，即人人都需要伙伴之间、同事之间关系融洽或保持友谊和忠诚；人人都希望得到爱情，希望爱别人，也渴望接受别人的爱。二是归属的需求，即人人都有一种归属于一个群体的期望，希望成为群体中的一员，并相互关心和照顾。感情需求比生理需求更细腻，它和一个人的生理特性、经历、教育、宗教信仰等都有关系。

对经销商而言，在与厂家的合作过程中，同样有感情需求。经销商希望与厂家、与其他经销商保持友谊、相互支持、相互照顾。厂家为了确保经销商的感情需求，应该：

- 尊重经销商群体
- 把经销商当成企业的资产
- 以经销商为中心开展销售工作
- 邀请经销商的家人、孩子、员工参观工厂
- 给经销商寄生日贺卡和生日蛋糕
- 帮助经销商体检
- 组织年度经销商会议
- 组织区域经销商交流会
- 协助经销商组建区域经销商团队
- 不轻易取消经销商的合作资格

- 及时让经销商分享厂家的经营信息

……

当以上感情需求得到相对满足后，也就不再成为激励因素了，就需要往更高一级的尊重需求发展。

4. 尊重需求

人人都希望自己有稳定的社会地位，要求个人的能力和成就得到社会的承认。尊重需求又可分为内部尊重和外部尊重。内部尊重是指一个人希望在各种不同情境中有实力、能胜任、充满信心、能独立自主。总之，内部尊重就是人的自尊。外部尊重是指一个人希望有地位、有威信，受到别人的尊重、信赖和高度评价。马斯洛认为，尊重需求得到满足，能使人对自己充满信心，对社会满腔热情，体验到自己活着的用处和价值。

对经销商而言，在与厂家的合作过程中，同样有尊重需求。经销商希望自己能够胜任厂家的分销工作以获得自尊；同时，也希望自己的经营能力和经营成果能够获得厂家和其他经销商的尊重。厂家为了确保经销商的自尊需求，应该给经销商提供：

- 区域独家经销权
- 厂家的特殊待遇，如被评为 VIP 经销商
- 高层领导如董事长、总经理亲自拜访经销商
- 邀请优秀经销商分享成功经验
- 在全国经销商大会上给优胜者颁发奖状
- 被选为区域经销商团队队长，负责处理区域窜货和稳定价格
- 授予经销商荣誉称号

……

当以上尊重需求得到相对满足后，也就不再成为激励因素了，就需要往更高一级的自我实现需求发展。

5. 自我实现需求

这是最高层次的需求，它是指实现个人理想、抱负，发挥个人的能力到最大限度，完成与自己的能力相称的一切事情的需求。也就是说，人必须干称职的工作，这样才会使他们感到最大的快乐。马斯洛提出，为满足自我实现需求所采取的途径是因人而异的。自我实现需求是努力实现自己的潜力，使自己越来越成为自己所期望的人物。

对经销商而言，在与厂家的合作过程中，同样需要自我实现。经销商希望自己能够完成厂家的任务，成为一名称职的经销商，也希望参与厂家更多的决策。厂家为了确保经销商的自我实现，应该：

- 制定合理销售任务，确保经销商有完成任务的成就感
- 邀请经销商参加厂商顾问委员会，参与厂家决策
- 开展经销商销售竞赛活动
- 经常征求经销商的意见
- 带领经销商实现财富目标

……

激励保健理论

美国心理学家赫茨伯格于 1959 年提出激励保健理论，又称“双因素理论”。该理论认为，引起人们工作动机的因素主要有两个：一是激励因素，二是保健因素。只有激励因素才能够给人们带来满意感，而保健因素只能消除人们的不满，但不会带来满意感。

其理论根据是：不是所有的需求得到满足就能激发人们的积极性，只有那些被称为激励因素的需求得到满足才能调动人们的积极性；不具备保健因素时将引起人的强烈不满，但具备时并不一定会调动强烈的积极性；激励因素是以工作为核心的，主要是在工作时发生的。

该理论普遍应用于人力资源管理领域，在经销商激励方面同样适用。

1. 经销商的保健因素

保健因素是指造成经销商不满的因素。保健因素不能得到满足，则易使经销商产生不满情绪，甚至引起拒绝销售等对抗行为；但在保健因素得到一定程度改善以后，无论再如何进行改善的努力，往往也很难使经销商感到满意，因此也就难以再由此激发经销商的工作积极性。所以，解决了保健因素，经销商只能“没有不满意”，而没有解决，经销商就会“不满意”。

为了消除经销商的“不满意”情绪，让经销商处于“没有不满意”状态，厂家要着重解决以下保健因素，这些因素主要来自马斯洛需求层次理论中的生理需求和安全需求：

- 确定合理的批零差
- 严格管理好窜货
- 稳定好市场价格
- 确定经销合同
- 给予区域独家经销权
- 提供适销对路且质量可靠的产品
- 有稳定的产品供应
- 有进场费、陈列费支持
- 有促销资金和促销物料支持
- 有铺货员工支持
- 提供促销物料
- 线上线下同款同价
- 给予优先续签合同的权利
- 有明确的绩效考评和优胜劣汰制度

……

2. 经销商的激励因素

激励因素是指能让经销商感到满意的因素。改善激励因素而使经销商感到满意，能够极大地激发经销商的销售热情，提高销量；但激励因素即使不予满足，往往也不会因此使经销商感到不满意。所以，就激励因素来说，解决了，经销商就会感觉“满意”；没有解决，经销商就会“没有满意”，即“满意”的对立面是“没有满意”。

为了让经销商处于“满意”状态，厂家要着重解决以下激励因素，这些因素主要来自马斯洛需求层次理论中的感情需求、尊重需求和自我实现需求：

- 制定合理销售任务，确保经销商有完成任务的成就感
- 邀请经销商参加厂商顾问委员会，参与厂家决策
- 开展经销商销售竞赛活动
- 经常征求经销商的意见
- 带领经销商实现财富目标
- 获得厂家的特殊待遇，如被评为 VIP 经销商
- 高层领导如董事长、总经理亲自拜访经销商
- 邀请优秀经销商分享成功经验
- 在全国经销商大会上给优胜者颁发奖状
- 协助经销商组建区域经销商团队
- 被选为区域经销商团队队长，负责处理区域窜货和稳定价格
- 授予经销商荣誉称号
- 尊重经销商群体
- 把经销商当成企业的资产
- 以经销商为中心开展销售工作
- 邀请经销商的家人、孩子、员工参观工厂
- 给经销商寄生日贺卡和生日蛋糕
- 帮助经销商体检
- 组织年度经销商会议
- 组织区域经销商交流会

- 及时让经销商分享厂家的经营信息

……

总结案例

没有明确“分销目标”的MK公司的经销商激励政策

MK公司是一家以“经营多功能一体复印机”为核心业务的跨国企业，其产品性能卓越、功能强大，在办公用品领域颇具盛名。然而，由于金融危机、政局变化、政府严控经费等多种因素的影响，复印机行业在近几年惨遭重创。公司必须尽快转变思路，找到发展的新途径。MK公司将目标锁定于提供整体解决方案，以及转型成为“具有价值的增值服务供应商”。这一决策符合市场发展趋势，但是解决方案产品推出以后，销量迟迟不见增长。我们来看MK公司制订的经销商奖励方案，如表1-1所示。

表1-1 MK公司经销商奖励方案一览表

奖励名称	具体奖励方案
阶段奖励	以季度、年度为阶段，对完成年度销售目标的经销商给予返利，并对表现出色的经销商给予特别奖励，如奖金、高级家电等
套餐促销返利	按季度发布产品套餐促销，鼓励经销商在当季结束前进货，并按进货比例给予“提前进货奖励”
提前进货、回款奖励	需要鼓励经销商提前进货时，一方面可给予进货奖励返点，另一方面可提高临时额度。同时，针对一些经销商拖延还款的情况，应当采取有效的回款激励手段
新品上市促销奖励	新品上市时，要求经销商在经销老产品的同时，按规定的量吃进新产品，以促进新产品迅速上架。应给予经销商新品促销优惠价及进货奖励
销售竞赛	在同一层级的经销商间进行销售竞赛，设定不同级别的奖励
俱乐部奖励	公司对经销商进行了细分，组织彩色机型销售良好的经销商加入“彩机俱乐部”，邀请他们定期进行研讨沙龙，一般为会议的性质

续表

奖励名称	具体奖励方案
福利奖励	对于达成年度销售目标的前几名或增长最快的经销商，设置主题培训、考察工厂等福利措施
市场活动支持	公司以资金、人员支持等形式，对区域内定期举办的展会等给予支持
广告、宣传投入	对经销商在当地媒体进行广告支持

公司是有激励政策的，为何没有促进销量增长呢？我们发现，虽然公司有一套激励政策，但是，渠道内部并没有形成有效针对“解决方案产品”这个“分销目标”的完善激励体制。解决方案产品涉及上线、运营、促销、支持、服务等各个环节。换言之，尽管奖励方案众多，但厂商对解决方案产品这个分销目标的激励不成体系，经销商普遍缺乏对解决方案产品这套软件的操作能力，导致经销商很难开拓这个充满挑战的新领域。

思　考

1. 很多厂家认为，只要能为经销商提供适销对路的产品就可以了，提升销量是经销商的事，也相信经销商为了利润会自动地不断提升销量，没有必要激励经销商，激励是多此一举且劳民伤财。请问这种观点对吗？为什么？
2. 很多厂家在制定经销商激励政策时，大多是临时性的、零碎的，其激励作用有限。作为厂家激励政策的决策者，在制定激励政策时，必须紧紧围绕哪个目标展开？
3. 多数厂家制定的经销商激励政策，是厂家决策者坐在办公室拍脑袋完成的，凭个人主观想象认为这个激励政策肯定受经销商欢迎。结果，激励政策一出台就受到经销商的抵制，经销商不愿意执行。请问，坐在办公室拍脑袋做出的激励政策为什么效果不好？
4. 你的企业目前采用了哪些方法提高经销商的积极性？还有哪些方法没有采

用？请用马斯洛的需求层次理论来分析。

5. 某厂家给经销商的利润空间是30%，厂家给予经销商两种方案。

（1）方案1：厂家给经销商的返利是10%，经销商的批零差是20%，即厂家给经销商的出厂价是110元，经销商卖给零售商的价格是130元，厂家返利10%给经销商，经销商获利为30元，其中返利10元，批零差20元。

（2）方案2：厂家没有给经销商返利，经销商靠批零差获利30%，即厂家给经销商的出厂价是100元，经销商卖给零售商的价格是130元，经销商获利还是30元。

请用激励保健理论分析方案1和方案2各自的优缺点。

6. 某著名牙膏品牌，产品深受消费者欢迎，仅湖南澧县一个小县城，一年销售收入就近千万元。但由于该牙膏产品在某些区域窜货严重，市场价格不断走低，导致经销商怨声载道，销售积极性严重下降。请用激励保健理论分析，为什么销售名牌产品的经销商也会出现抱怨厂家的情况？

第2章

经销商激励管理

1. 渠道成员并不认为自己是厂家所培养的渠道链中被雇用的环节。

2. 渠道成员首先把自己视为顾客的购买代理，其次才是厂家的销售代理，其兴趣在于销售顾客所愿意购买的所有产品。

3. 渠道成员把所有产品看作一个产品系列，这一系列产品是其销售给顾客的产品集合。渠道成员应把销售重点放在获得产品系列的订单上，而不是单个产品。

4. 除非给予一些激励，否则渠道成员不会保留所卖品牌产品的单独销售记录。这些记录作为信息，对厂家来说，在产品开发、定价、组合或促销计划等方面可能是有用的，但被“埋葬”在渠道成员的记录库里。

——麦克维伊

企业痛点

★ 没有一个厂家不想了解经销商的需求和问题，但如何高效、快速了解经销商的需求和问题呢？没有路径，没有方法。

★ 换来换去，厂家激励经销商只有几个老套路：买赠、折扣、分级奖励、返利……这些手段已经用了十几年了，经销商已经麻木了。原来让利 5%，销量就会翻一倍，现在让利 30%，销量也没有什么变化了，怎么办？

★ 厂家与经销商是两个不同的组织。由于没有上下级关系，厂家不能命令经销商做事，结果导致市场窜货现象严重，价格难以控制，打又打不得，骂又骂不得！怎么才能让经销商听话？

本章重点

阅读本章后，你能够了解：

- 了解经销商需求和问题的 4 种途径
- 帮助经销商的 3 种方法
- 领导经销商的 5 种手段

在管理经销商的过程中，要建立厂商之间、经销商之间的高度合作关系不是一件容易的事情。厂家管理经销商最基本的内容就是激励经销商有效率、有效果地完成分销任务。厂家为了成功激励经销商，就必须处理好经销商激励管理的三个重要方面：

- 了解经销商
- 帮助经销商
- 领导经销商

了解经销商

发现经销商的需求和问题并不容易

在厂家能够有效激励经销商之前，必须弄清楚经销商目前有哪些需求，在经营管理中存在哪些问题。厂家可能会发现，经销商目前的需求和所面临的问题与厂家大不相同。在本章开头，我们了解到学者麦克维伊的观点，归纳为以下内容：

（1）经销商并不认为他们和厂家是一家人，他们认为厂商之间是各自独立的。

（2）经销商并不认为他们仅仅在帮助厂家销售产品，他们认为他们是在为本区域的消费者寻找产品。

（3）经销商会尽力帮助本区域消费者寻找系列产品，而不仅仅获得某厂家的单个产品。

（4）经销商一般不会与厂家分享那些对厂家的产品开发、定价、组合或促销计划有用的信息。

麦克维伊的见解中隐含着经销商的需求和遇到的问题，这些问题通常都是厂家所忽略或不关注的。同时麦克维伊也告诉厂家，不要一味地站在厂家的角度看待经销商的问题，而要换位思考，才能真正了解经销商的需求和存在的问题。

了解经销商需求与问题的途径

1. 厂家对经销商的调查研究

厂家对消费者的研究已经司空见惯，厂家借此可以了解顾客需要的产品类型、顾客品牌偏好度、顾客购买行为类型和其他一些信息。但是，厂家对经销商的需求和问题的调查研究则是很少见的，这实在令人遗憾，因为厂家对经销商的调查研究可能是发现细微或隐藏的需求和问题的唯一途径。

【案例 2.1】乐泰公司通过调查研究让分销商乐意使用样品

乐泰是一家著名的生产胶带和密封胶产品的公司，其产品用于许多不同的行业。公司的大部分产品通过分销商销售，分销商再将这些产品销售给零售商及商业和工业客户。在产品销售中，乐泰同其分销商矛盾重重。乐泰认为，分销商不关心产品的销售，因为分销商的销售人员在向顾客推销产品时从不携带乐泰的产品样品；而分销商则认为，乐泰公司对他们请求给予销售支持的需求漠不关心，因为他们感到销售人员不能正确使用产品样品。乐泰相信，样品是一种非常好的销售辅助手段，却被分销商搁置在一旁。最终，当乐泰决定对分销商使用销售辅助手段的需求和问题进行调查研究时，这一矛盾才得以解决。调查研究结果揭示了分销商未能使用乐泰样品的一个简单理由：乐泰公司产品样品的设计仅适合用公文包携带，但是乐泰公司的大多数分销商的销售人员根本不带公文包。了解到这一情况之后，乐泰对样品重新进行设计，缩小了样品，使之可以装在销售人员的口袋里，问题迎刃而解。

正如该例所示，某一类型的需求和问题尽管简单，但也许并非都是显而易见的。在这种情况下，厂家发起的调查研究能够有效地解决问题。[①]

在制订经销商激励方案时，厂家决策层——总经理、营销副总、销售总监、市场总监、销售经理、市场经理等，要在充分调研经销商需求与问题的基础上进行决策，这样的方案就会得到经销商的高度配合。

2. 第三方对经销商的调查研究

厂家可以聘请第三方如咨询机构、调研机构对经销商的需求与问题进行调研，这样更能得到完整且没有偏见的有关经销商的需求和问题的信息。

现在，越来越多的企业通过第三方及时了解经销商的需求和问题。无论是从效率还是从公正度方面，第三方都比厂家自己了解经销商的需求和问题更有优势。新蓝海咨询正是在这种背景下，与许多企业进行了合作。以下是新蓝海咨询与广东福田电器合作的市场调研项目。

---

① 资料来源：《营销渠道：管理的视野》（第 8 版），伯特·罗森布罗姆著，宋华等译，中国人民大学出版社，2016 年版，第 224～225 页。

【案例 2.2】广东福田电器有限公司委托武汉新蓝海营销管理咨询有限公司对其经销商的问题和需求进行调研

背景：广东福田电器有限公司创立于1995年，公司拥有厂房65 000平方米，是集研发、设计、生产、销售于一体的创新型企业。公司全面执行ISO 9001：2008国际质量管理体系，产品通过CCC、CE、CB等多项专业认证，拥有国家专利60余项。凭借过硬的品质与良好的信誉，福田产品远销全球30多个国家和地区。由于前几年新农村的建设，福田在乡镇布了很多销售网点，销量比较稳定，业务员干得很安逸。但是，随着国家政策的变化，乡镇不许建房及竞品在乡镇市场上的发力，福田电器经销商存在的问题也越来越突出：

- 夫妻店和坐商模式保守经营
- 经销商业务团队建设管理欠缺
- 经销商渠道管理和经营传统滞后
- 经销商配送和服务体系管理欠缺
- 福田业务员不适应新的管理方式

针对营销渠道出现的以上问题，企业如果不及时加以改善，或者想改善但找不到改善的正确方法，将无法实现销售业绩的突破。

广东福田电器有限公司委托武汉新蓝海营销管理咨询有限公司及时对福田电器经销商进行了调研，为此，新蓝海咨询首先针对福田电器经销商的需求和问题设计了以下调研问卷。

福田电器经销商需求与问题调研问卷

填表对象：福田电器经销商

访问时间：　　　　年　月　日

受访人姓名：　　　　　　　　受访人年龄：

加入公司时间：　　　　　　　受访人职位：

公司名称：　　　　　　　　　负责区域：

分销网点数量：　　　　　　　员工人数：

访问目的：本表由武汉新蓝海营销管理咨询有限公司设计，本表信息不做其他用途。请您就以下问题做出简单回答。

1．您认为，福田公司最大的优势有哪些？（可从产品、渠道、促销、价格、品牌、销售政策、销售员工、公司文化等方面进行分析）

2．您认为，福田公司最大的不足有哪些？（可从产品、渠道、促销、价格、品牌、销售政策、销售员工、公司文化等方面进行分析）

3．面临大环境的变化和竞争对手，您认为福田公司受到的最大威胁是什么？（可从新农村建设、竞品等外部因素进行分析）

4．综上所述，您认为福田公司存在的最大机会点在哪里？（可从产品类别、价格、经销商、大环境、竞品等全方位进行分析）

5．现阶段，您经营的最大困难在哪里？

6．您认为在您的区域，福田电器最大的竞争对手是谁？请列举3个品牌。

（1）开关是：

（2）排插是：

7．您认为福田开关最重要的3大竞争对手的优缺点分别是什么？

（1）第1竞争对手的优缺点。

- 优点：
- 缺点：

（2）第2竞争对手的优缺点。

- 优点：
- 缺点：

（3）第3竞争对手的优缺点。

- 优点：
- 缺点：

8．您认为福田排插最重要的3大竞争对手的优缺点分别是什么？

（1）第1竞争对手的优缺点。

- 优点：
- 缺点：

（2）第2竞争对手的优缺点。

- 优点：
- 缺点：

（3）第3竞争对手的优缺点。

- 优点：
- 缺点：

9．请给出您对价格体系的建议。假设产品的出厂价是100元，您认为给予批发商、零售商和消费者的价格应为多少比较合适？

（1）福田开关的价格体系：假如出厂价是100元→给批发商供货价（ 元）→给超市供货价（ 元）→给零售商供货价（ 元）→消费者零售价（ 元）

（2）福田排插的价格体系：假如出厂价是100元→给批发商供货价（ 元）→给超市供货价（ 元）→给零售商供货价（ 元）→消费者零售价（ 元）

10．您希望公司制定什么样的返利政策？请选择（可多选）。

（1）返利时间：月返为主（ ）季返为主（ ）年返为主（ ）

（2）返利依据：按销售额大小（ ）按销售计划难度（ ）按遵守市场秩序程度（ ）按经销商类型（ ）按不同产品类型返利（ ）

（3）您认为福田开关的返利在什么区间（最低～最高）最合理？（ ～ ）

（4）您认为福田排插的返利在什么区间（最低～最高）最合理？（ ～ ）

11．您认为，福田公司应将主要精力集中在哪些产品上？请列举产品系列名称并按1~5分注明重要程度（1分最不重要，5分最重要）。

12．公司考核经销商，您觉得应考核哪些指标最合理，请列举3个指标并按1~5分注明重要程度（1分最不重要，5分最重要）。

（1）指标1： （重要程度1～5分 ）

（2）指标 2:　　　　　　　　　　　　（重要程度 1～5 分　　　）

（3）指标 3:　　　　　　　　　　　　（重要程度 1～5 分　　　）

13．您最希望福田公司推出哪些新的销售政策？

14．如果福田电器让您放弃其他产品销售，专做福田电器，在什么情况下您才考虑这种可能性？

15．您认为，福田电器的消费者主要是什么人群？（至少说 3 个特征）

16．您所了解的竞品的哪些销售政策最吸引经销商？

17．像“好空调，格力造”一样，假如您给福田产品设计一个广告语，将是什么样的？

（1）单一针对福田开关的广告语：

（2）单一针对福田排插的广告语：

（3）既包含福田开关又包含福田排插的广告语：

18．您最重要的需求有哪些？请在每条后面打钩或打叉，并在打钩的选项后面按 1~5 分注明重要程度（1 分最不重要，5 分最重要）。

（1）铺货赠品（打钩或打叉　　　）（重要程度 1~5 分）

（2）派员协助铺货（打钩或打叉　　　）（重要程度 1~5 分）

（3）公司统一做促销活动（打钩或打叉　　　）（重要程度 1~5 分）

（4）店招支持（打钩或打叉　　　）（重要程度 1~5 分）

（5）严格的窜货管理制定（打钩或打叉　　　）（重要程度 1~5 分）

（6）统一价格体系（打钩或打叉　　　）（重要程度 1~5 分）

（7）动销的赠品（打钩或打叉　　　）（重要程度 1~5 分）

（8）返利支持（打钩或打叉　　　）（重要程度 1~5 分）

（9）运输工具（打钩或打叉　　　）（重要程度 1~5 分）

（10）宣传物料（打钩或打叉　　　）（重要程度 1~5 分）

（11）经营管理知识培训（打钩或打叉　　　）（重要程度 1~5 分）

（12）经销商销售竞赛活动（打钩或打叉　　　）（重要程度 1~5 分）

（13）经销商淘汰制（打钩或打叉　　　）（重要程度1~5分）

（14）公司高层经常下市场调研考察（打钩或打叉　　）（重要程度1~5分）

（15）给予经销商明确的愿景（打钩或打叉　　　）（重要程度1~5分）

（16）月度销售简报（打钩或打叉　　　）（重要程度1~5分）

（17）充满激情的经销商年会（打钩或打叉　　　）（重要程度1~5分）

（18）公司的线上销售利润与经销商共享（打钩或打叉　）（重要程度1~5分）

（19）公司成立经销商顾问委员会（打钩或打叉　　　）（重要程度1~5分）

（20）公司协助经销商安装订货宝系统，方便零售商在手机上下单订货和付款（打钩或打叉　　　）（重要程度1~5分）

（21）福田公司奖励优秀经销商，您认为奖励什么最好？

- 小轿车（打钩或打叉　　　）（重要程度1~5分）
- 出国旅游（打钩或打叉　　　）（重要程度1~5分）
- 现金（打钩或打叉　　　）（重要程度1~5分）
- 未开发的新区域（打钩或打叉　　　）（重要程度1~5分）
- 到高校或培训机构培训（打钩或打叉　　　）（重要程度1~5分）
- 董事长、总经理签名的荣誉证书（打钩或打叉　　　）（重要程度1~5分）

19．除以上需求外，您还有哪些需求？

20．你对福田公司想说的心里话有哪些？

新蓝海咨询与福田电器一道邀请了十几位典型福田电器经销商参加了此次调研活动。新蓝海咨询对调研问卷的结果进行分析，发现福田电器经销商存在以下明确的需求。

第1位：店招支持，需求度100%。

第2位：厂商共赢委员会，需求度96%。

第3位：窜货管理，需求度94.6%。

第 4 位：统一价格，需求度 93.4%。

第 5 位：返利支持，需求度 90.6%。

第 6 位：高层下基层，需求度 89.4%。

第 7 位：公司派人协助铺货，需求度 86.6%。

第 8 位：动销赠品，需求度 86.6%。

第 9 位：宣传物料，需求度 85.4%。

第 10 位：经销商年会，需求度 84%。

第 11 位：培训，需求度 82.6%。

第 12 位：铺货赠品，需求度 81.4%。

接下来，新蓝海咨询在本书作者的操刀下，通过《营销渠道管理咨询全案》，成功满足了福田电器经销商的需求。在福田电器业绩多年增长缓慢的情况下，咨询后接下来的上半年，核心产品福田开关销量增长了 28%。

3. 经销商审计

经销商审计是指厂家对其经销商进行考察、评估，以发现问题，进行调整。同时，经销商审计也是评估渠道效果的必要环节和有利工具。

经销商审计是不断重复的过程，只有重复才有提升。经销商审计是一项严肃的循环工作，不能大而化之，不能过于权衡关系而破坏规则，否则审计工作就会流于形式。厂商关系比较讲究和谐共处，但必须相互遵守规则，才能长久发展。这就是经销商审计的态度：制定标准，排除个案，不留后门。

通常情况下，大多数厂家不会主动调整经销商管理政策，除非经销渠道出现问题。然而，对于有些管理好的企业，如可口可乐公司来说，调整渠道政策是每月的必修课。这些企业年底的渠道审计是一项主要工作。这样的经销商审计，有利于调整来年的经销商管理政策。表 2-1 的经销商年度审计表对厂家具有一定的参考价值。

表 2-1 经销商年度审计表

审计类型	审计项目	审计结果	审计说明
审计各渠道和谐度	渠道 A 的裸价		厂家着重审计不同销售渠道之间的价格是否平衡，以减少不同渠道之间的价格冲突。将过去全年的各种价格折让政策进行统计，得出各渠道裸价，并进行比较
	渠道 B 的裸价		
	渠道 C 的裸价		
	渠道 D 的裸价		
	渠道 E 的裸价		
	……		
	渠道 N 的裸价		
审计经销商经营能力	终端网点开发能力		厂家着重审计经销商的终端网络开发能力和终端网络服务能力
	终端网点服务能力		
	区域竞争能力		
	新产品拓展能力		
审计区域与经销商的匹配度	销售网络与区域市场大小匹配度		厂家着重审计经销商的市场匹配能力。避免出现两种情况：一是厂家给经销商一亩田，但经销商的能力只能播种一分田；二是经销商有实力，但不为厂家所用
	资金财力与进货量匹配度		
	车辆、车型与配送区域匹配度		
	仓库面积与销售任务匹配度		
	销售人员与业务内容匹配度		
	经营意识与企业理念匹配度		
	渠道网络抵抗竞品攻击能力强弱		
审计经销商盈利能力	厂家给予的利益与经销商实际得到的利益比较		厂家着重审计经销商的获利能力与区域规模是否匹配
	经销商实际获得的利益与区域市场规模应得的利益比较		

4. 经销商咨询理事会

经销商咨询理事会是识别经销商需求和问题的有效方法，该理事会由厂家高层管理人员和经销商代表组成。厂家高层管理人员可能由董事长、总经理、营销副总裁、销售总经理和其他高层销售管理人员组成，经销商代表应由占经销商总数 5%~10%的代表组成。咨询人员总数应当有一个限制，要使出席的人员能够完全参与并能相互交换意见。在设立一个经销商咨询理事会时，通常的惯例是设立联合主席，一个由经销商团体成员选出，另一个由厂家高层担任。

【案例 2.3】广东福田电器厂商共赢委员会

广东福田电器是中国著名的点开关厂家，在武汉新蓝海营销管理咨询有限公司的帮助下，成立了“福田电器厂商共赢委员会”（作为咨询顾问，厂商共赢委员会这个称呼是笔者的首创）。该委员会由 8 名经销商代表和 8 名厂家高层组成，每个季度集会一次。

自该委员会成立以来，经销商代表及时反馈了许多市场问题，如库存积压产品问题、照明产品质量问题，同时也提出了许多需求，如照明新产品的款式、价格等。针对经销商代表提出的问题和需求，福田电器厂商共赢委员会当场做出了决策，大大提高了决策的速度和效率，受到了经销商的普遍欢迎。

帮助经销商

厂家针对经销商的需求和问题及时提供系统的帮助，有助于创建一个具有高度积极性的厂商共赢系统。

目前的现状是，厂家对经销商的激励更多的是临时性的。当厂家的销量上不去时，厂家就会对经销商进行激励，如价格刺激、广告补贴等，导致出现小促销小销量、大促销大销量、无促销无销量的不利局面。

正如麦卡蒙所提到的，厂家要得到经销商高水平的合作，就需要进行周密的计划，向经销商提供帮助。帮助分为三种类型：政策支持、厂商伙伴关系和分销规划。其中，政策支持是最简单、最不广泛的做法；厂商伙伴关系的复杂性和广泛性次之；分销规划最复杂，应用也最广泛。

政策支持

针对拥有传统的、松散型的、忠诚度不高的经销商的厂家来说，政策支持是刺激这类经销商最常用的方法。其原因是厂家对这些经销商的控制力有限，这些经销商的执行力也不强，厂家只能靠这些政策来吸引经销商的注意力。但要注意的是，为经销商提供帮助的任何一个支持政策，都必须做到同一级别的经销商要一视同仁，不能区别对待。以下提供20种常用的基本支持政策，供厂家借鉴和参考。厂家也可以在此基础上逐渐增加支持政策类型。

厂家向经销商提供的典型支持政策有：

（1）广告（店招、路牌广告）津贴。

（2）产品展示与陈列费用。

（3）仓储补贴。

（4）橱窗展示和安装费用。

（5）展示或推销用的样品。

（6）店铺和橱窗展示材料。

（7）网上订货系统。

（8）配送到终端的运费补贴。

（9）培训销售人员。

（10）提供店铺设施。

（11）新店铺成本或改进费用。

（12）促销补贴或促销基金。

（13）部分销售人员如铺货员工的薪水。

（14）存货价格调整补贴。

（15）产品保价政策。

（16）铺货或赊销政策。

（17）产品进场费。

（18）新品推广费。

（19）试用品、试吃品或试喝品。

（20）区域推广会费用支持。

从厂家的角度来看，通过以上对经销商的支持政策，希望使经销商能够加倍努力以提升销量。但是，这样做并不一定总能成功，尤其是厂家在没有了解经销商的需求和问题的前提下所做出的支持政策。

如果厂家的经销商大多同时也在经营竞品时，厂家在制定支持政策时应更为谨慎。因为没有比较就没有伤害，如果经销商认为竞品的支持政策比你的要好，你的支持政策就不会产生效果。

厂商伙伴关系

厂商伙伴关系是厂家与经销商之间的持续和相互支持的关系，其目的是建立更加主动的团队、网络或渠道伙伴的联盟。在这种关系中，传统的“我们—他们”的厂商关系被“我们”这种新的合作观念所取代。

厂商伙伴关系特别适合专销商，即只经营厂家一个品牌的经销商，如立白专销商、卡特彼勒专销商，他们都只经营一个品牌。厂家与专销商就很自然地成为了伙伴关系。专销商的股份结构有很多形式，如由经销商独家出资，多个经销商和厂家共同出资，多个经销商共同出资，经销商、厂家与销售人员三方出资等。

另外，经营多个品牌的经销商也可以通过两种方式与厂家建立伙伴关系：一是成立一家新的商贸公司，该公司只销售一个品牌；二是单列品牌小组，以独立的办公室、独立的销售人员专门从事某品牌的销售。

【案例 2.4】重庆好事来公司单独成立新公司从事苏泊尔电器销售

成立于 2008 年 10 月的重庆好尚嘉贸易有限公司是重庆好事来公司为了更好地经营苏泊尔品牌而单独成立的公司，公司专业经营苏泊尔电器（重庆独家经销商）、苏泊尔炊具（重庆独家经销商），为苏泊尔股份有限公司战略合作伙伴。多年来，公司通过精细化管理与运营，拓展大重庆范围的零售市场与乡镇市场，取得良好、稳定的增长。

厂商发展伙伴关系是市场竞争的必然结果!

从厂家的角度来看，随着市场形势从供不应求到供过于求的转换，产品销售的主要因素也逐渐从产品为王、渠道为王、终端为王向消费者为王转变。在竞争的最后阶段，剩下的几个品牌实力都比较雄厚。为了持续扩大市场份额，产品的销售仅仅靠品牌的拉力还不够，因为在几个大品牌之间，产品拉力差别都不大了，需求渠道的推力才能持续获得市场份额。为了获得渠道的推力，厂家必须把经销商牢牢捆绑在一起，让他们全力推销厂家的产品，而此时经营多个品牌的经销商的市场推力达不到厂家的要求。这样，厂家希望与经销商建立伙伴关系的条件就成熟了。

从经销商的角度来看，在产品供不应求阶段，经营多个品牌就能够获得更大的利益。但现在市场已经进入供过于求阶段，产品需求强大的推力才能确保销量，但让多个品牌都有强大的推力显然是不可能的。经销商越来越力不从心，每个产品的销量都在逐年下滑，资金周转越来越慢，经营成本越来越高，利润也越来越少。为此，经销商也希望自己能够与厂家结成伙伴，共同开发市场、承担风险。

建立厂商伙伴关系需要厂商双方有共同的合作理念，以下是建立厂商伙伴关系的正确理念:

（1）我们希望能与他们保持长期业务联系，并签订终身协议。

（2）在其他人批评他们时，我们立即进行捍卫。

（3）我们花费足够的时间与他们一起解决问题和误会。

（4）我们忠诚于对方，不会再找另外的组织作为当前伙伴的替代者或补充者，如果有其他组织为我们提供更好的条件，我们也不会放弃现有的伙伴或转向新的组织。

（5）我们愿意发展这种厂商伙伴关系。

（6）我们对他们的错误，甚至给我们带来的麻烦有足够的耐心。

（7）我们愿意对他们进行长期投资，并等待回报的到来。

（8）我们将为推进我们和其业务发展的人和资源做出贡献。

（9）我们确保实现厂商双赢的关系。

（10）我们努力提高自己的竞争力，并不断打败竞争对手。

很明显，这不是两个组织间普通的运行规则。伙伴关系不只是要拥有当前的忠诚关系，它还涉及对未来的信心，以及以其他机会为代价而对伙伴进行投资的意愿，从而达到保持和发展业务关系的目的。

【案例 2.5】福田电器厂商共赢理念

受福田电器的委托，武汉新蓝海营销管理咨询有限公司对营销渠道进行了咨询，并提出了福田电器厂商共赢的理念。

1. 福田电器经销商的共赢理念

（1）愿意与厂家签订终身合同。

（2）承诺实现公司化运作销售福田产品。

（3）100%对区域销售负责，成立市场部、销售部等。

（4）不依赖厂家销售。

（5）维护市场销售秩序，不窜货、不低价。

（6）有销售新品和处理积压品的能力。

（7）愿意对区域市场进行品牌宣传。

（8）有打败竞争对手、成为区域第一的信心和方法。

（9）承诺只做福田品牌。

2. 福田电器厂家的共赢理念

（1）把经销商当成厂家的资产。

（2）福田产品是经销商赚钱的工具。

（3）厂家确保经销商的利益。

（4）愿意与经销商签订终身合同。

（5）经销商的成长比厂家赚钱更重要。

（6）确保经销商有年盈利 1 000 万元以上的区域市场。

（7）厂家完全依靠经销商做销售。

（8）厂家确保持续生产出有竞争力的新产品。

（9）对于优秀经销商，不断奖励新的销售区域。

分销规划

分销规划特别适合特许经营的经营方式，如鞋服、餐饮、化妆品、家具、家电等厂家采用的特许连锁专卖的形式。

麦卡蒙认为，分销规划是为促进产品在渠道中分销而使用的一系列综合政策，是为获得一个高度积极的渠道团队而使用的最综合的方法，是比伙伴关系更满意的一种方法。

分销规划是指建立一套有计划的、专业化的管理垂直营销系统，把厂家和渠道成员二者的需求结合在一起。厂家在市场营销部门下设一个专门的部门，即分销规划处，主要工作为确认经销商的需求，制订交易计划和其他方案，以帮助经销商以最适当的方式经营。该部门和经销商共同决定交易目标、存货水平、商品陈列方案、销售训练要求、广告及促销计划。其目的在于，让经销商认为他赚钱是因为与购买者在同一立场的观点，转变为他赚钱是由于他和厂家站在同一立场。

厂家制定分销规划的第一步是分析营销目标，以及为达到这样的目标需求从加盟商那里得到哪些支持。此外，还要弄清楚加盟商所在领域的需求和问题。以下是分销规划的步骤。

1. 制定分销规划的指导框架

（1）厂家的营销目标。

（2）实现营销目标需要加盟商的支持。

（3）实现营销目标后加盟商的预期回报。

表 2-2 是厂家制定分销规划的指导框架的详细情况。

表 2-2 厂家制定分销规划的指导框架

类别	项目	子项目
厂家的营销目标	企业能力	
	竞争状况	
	市场需求	
	成本—数量关系	
	法律因素	
	加盟商能力	销售额和销售量
		市场份额
		管理费用
		投资回报率
		顾客态度、偏好、愿意购买程度
实现营销目标需要加盟商的支持	偿债能力比率	资产负债率
		流动比率
		速动比率
	展示区的数量和位置	
	存货投资的水平和组成	
	服务能力和标准	
	广告、促销和人员推销支持	
	市场开发活动	
实现营销目标后加盟商的预期回报	管理期望	
	交易优先权	
	财务目标	存货周转率
		投资回报率
		总毛利（金额和百分比）
		管理费用（金额和百分比）
		单位价值存货的毛利和管理费用
		单位空间的毛利和管理费用
	非财务目标	

2. 制定分销政策

（1）为加盟商提供价格让步。

（2）为加盟商提供资金支持。

（3）为加盟商提供一些保护措施。

表2-3是厂家制定的分销政策的详细情况。

表2-3 厂家制定的分销政策

<table>
<tr><th>类　别</th><th>项　目</th><th>子项目</th></tr>
<tr><td rowspan="17">价格让步</td><td rowspan="7">折扣结构</td><td>商业折扣（功能折扣）</td></tr>
<tr><td>数量折扣</td></tr>
<tr><td>现金折扣</td></tr>
<tr><td>预期补贴</td></tr>
<tr><td>预付运费</td></tr>
<tr><td>新产品、展示和广告补贴（无业绩要求）</td></tr>
<tr><td>季节性折扣</td></tr>
<tr><td rowspan="10">折扣替代</td><td>展示材料</td></tr>
<tr><td>存货控制规划</td></tr>
<tr><td>培训计划</td></tr>
<tr><td>货架摆放计划</td></tr>
<tr><td>管理咨询服务</td></tr>
<tr><td>商品销售规划</td></tr>
<tr><td>销售佣金</td></tr>
<tr><td>技术援助</td></tr>
<tr><td>支付销售人员和展示人员薪水</td></tr>
<tr><td>促销和广告补贴（有业绩要求）</td></tr>
<tr><td rowspan="4">资金支持</td><td rowspan="4">合同贷款协议</td><td>定期贷款</td></tr>
<tr><td>库存计划</td></tr>
<tr><td>应付票据贴现</td></tr>
<tr><td>设备设施分期付款资金融通</td></tr>
</table>

续表

类　别	项　目	子项目
资金支持	合同贷款协议	租用和票据担保方案
		应收账款融资
	账期	月底账期
		季节性账期
		已收货账期
保护措施	价格保护	特许价格
		代理协议
		保价政策
		调价库存补助
	存货保护	寄售
		代销
		退货条款
		快速送货政策
	区域保护	选择性分销
		排他性分销

3. 制定加盟商商品销售协议

通过对表 2-2 内容的分析，结合分销政策，并考虑到加盟商的问题和需求，就可以为加盟商拟定商品销售协议了。

（1）商品分销目标。

（2）存货计划。

（3）商品展示计划。

（4）个人销售计划。

（5）广告和促销计划。

（6）厂商职责及合同期限。

表 2-4 是加盟商商品销售协议纲要的详细情况。

表 2-4 加盟商商品销售协议纲要

类 别	项 目
商品分销目标	计划销售额
	计划的初始加成率
	计划的减少额，包括预计的减价、缺货及折扣
	计划总毛利
	计划费用率
	计划利润率
存货计划	计划的存货周转率
	计划的商品分类
	预期的促销组合和日常销售
商品展示计划	推荐的店铺设施
	场地分配计划
	可视的销售计划
	需要的促销资料
个人销售计划	推荐的商品展示
	销售培训计划
	特殊激励方案，包括销售人员的销售竞赛等活动
广告和促销计划	广告和促销预算
	媒体安排
	主要活动和促销主题
	特殊销售事件
厂商职责	与计划有关的厂家职责
	与计划有关的加盟商职责
合同期限	协议有效期

【案例 2.6】伊森·艾伦家具公司的分销规划

在家具和家庭装饰品行业领先的厂家伊森·艾伦家具公司，是强调使用分销规划支持加盟商的很好的例子。伊森·艾伦公司的零售网络包括美国和其他几个国家的大约300个商店,其中大约一半商店为公司所有,其余的则是独立加盟商。除了所有权不同外，实际上公司所有的商店和独立加盟商在战略和运营上几乎没有差别。伊森·艾伦公司的独立加盟商所有的管理和营销战略及运营计划都是由伊森·艾伦公司精心做出的，以适合家庭家具的销售。伊森·艾伦公司的方案明确说明加盟商不能经营其他厂家的竞争产品。多年来，伊森·艾伦公司生产的所有家具式样几乎都保持不变，而且大多是非成套的零售商品，为的是消费者日后能再添加其他家具。商店的内外部形象,从建筑式样到陈列方式,从灯光到展架,都是由伊森·艾伦公司亲自管理的，甚至家具的销售方式都是由公司规划的。这种销售方式通常是由商店的“设计人员”到消费者家中进行拜访（伊森·艾伦公司不使用“销售人员”这一术语)，这些人员帮助消费者根据其准备的装饰方案选择家具和配件。多数广告、特殊活动、促销和销售，也是由伊森·艾伦公司而不是由独立的加盟商制定和管理的。公司还把零售商的销售人员（设计人员）送到伊森·艾伦大学去学习，学校安排了一系列特殊的培训课程，学生们不仅学习家庭装饰技巧,而且学习伊森·艾伦公司的办事方法。设计这一计划,是要在伊森·艾伦公司及其独立加盟商之间建立一种团队工作意识，借此培养长期的合作关系，进行对经济衰退和竞争者价格大战不太敏感的重复销售。

这种寻求渠道成员支持的分销规划方法，已经为伊森·艾伦公司在激烈竞争的家具市场开辟了一个富有特色的领域。尽管价格竞争在家庭装饰行业非常普遍,但伊森·艾伦公司所拥有的不进行价格竞争的加盟商能够在获得超过平均水平的毛利和净利的同时，在质量、服务和顾客支持上开展竞争。[①]

① 资料来源:《营销渠道:管理的视野》(第8版)，伯特·罗森布罗姆著，宋华等译，中国人民大学出版社，2016年版，第240页。

领导经销商

利特尔认为，在不同的组织之间获得高水平控制和领导可能面临的挑战是：

> 因为企业与企业之间是松散分布的，所以集中控制的优势在很大程度上是不存在的。缺乏单一所有权或紧密的合同协议，意味着不存在源自正式权力（高级的和低级的）的利益。奖励和惩罚制度也不明确，很难发挥作用。同时，整个系统的总体计划失调，使总体系统努力最大化的前景也变得模糊了。与正式组织相比，渠道中各个成员企业对共同目标知之甚少也是有可能的。

从利特尔认为的挑战可以看出，厂家尽管已经开发了一个非常完善的了解经销商需求和问题的系统，而且通过多种方式来支持经销商，但厂家要实现对经销商的全部控制几乎是不可能的，不管其领导意图的基础多么强大。但是，无论如何，控制工作仍必须通过厂家有效的领导来实施。除了厂家外，没有任何经销商或组织能够担此重任，否则，经销商就处于无政府主义状态。同时，这种有效的领导是建立在厂家能够持续高水平地激励经销商团队的基础之上的。

渠道权力是改变其他组织行为的一种能力，它是一种管理工具，谈不上好坏。这个工具很重要，放弃使用将会导致厂商的灾难。权力与依赖性成正比，依赖性越强，权力越大。厂家要拥有权力，就必须要让经销商依赖厂家，这样厂家才拥有足够的权力去改变经销商的经营行为。权力来自 5 个方面，每个方面运用得当都能给厂家带来权力。

奖赏权

奖赏权是 5 种权力中最重要的一种权力，经销商改变其行为就会得到厂家的报酬。奖赏权重点体现在财务方面的奖赏上。

1. 可靠性渠道策略

可靠性渠道策略表明了厂家愿意保有经销商而不采用直营体系的态度。比如，“保证”可以创造互惠，增加经销商对厂家的依赖性。“保证”的内容包括：

厂家保证经销商可以获得的销售收益、产品销售区域、一定的销售保护等。

2. 市场拓展支持策略

市场拓展支持策略是为了帮助经销商拓展市场以销售厂家产品，包括：

（1）提供销售辅助信息，如销售员培训。

（2）提供市场拓展工具，如展销会。

3. 额外沟通计划

额外沟通计划有助于信息交流，包括：

（1）沟通计划，如给经销商的实时通信。

（2）自由化信息，如允许经销商在线查看所获报酬。

（3）顾问委员会，与经销商代表决策沟通。

4. 大力度财务激励策略

之所以称为大力度财务激励策略，是因为其奖励措施变现能力强。此类措施是传统的毛利润或净利润的延伸，包括：

（1）销售易销产品（这类产品在市场中供不应求）。

（2）即时现金奖励，如向指定客户销售新产品的奖励。

（3）小额交易折扣，用于减少经销商购买产品时的购买成本。

5. 终端用户的激励策略

终端用户的激励策略整合了厂家和经销商的能力，共同为终端用户创造价值。这一策略同时也加强了厂商之间的合作。包括：

（1）厂家帮助经销商在终端客户市场促销。

（2）联合营销（厂商针对厂家的目标客户联合营销）。

（3）向终端使用者提供风险减免计划，如由经销商提供的产品试用期。

强制权

强制权来源于如果没有遵从就要承受惩罚，强制等同于潜在威胁另一组织。强制权带有攻击性，会导致防御或反击，长期内不会比其他权力更有效。当其他方法没有效果时才使用强制权。

【案例 2.7】经销商出现以下行为，公司有权缩小区域或取消经销权

（1）新经销商支付首批进货款超出约定时间。

（2）经销商连续 3 个月没有完成月度销售任务。

（3）经销商连续 2 个月没有销售新产品。

（4）经销商在规定时间内没有完成开发分销网点的任务。

（5）经销商没有在规定时间内配备销售工具。

（6）经销商违规使用和报销促销费用。

专长权

厂家具备经销商所不具备的某种特殊知识和有用的专长，这种专长居于劳动分工、专业化和比较优势的核心地位。厂家在以下方面具有专长权。

（1）行业趋势分析。将市场趋势、市场威胁、市场机会、市场预测、行业分析提供给经销商。

（2）竞品信息。将收集的竞品信息如新产品、促销、降价等信息提供给经销商。

（3）产品专利。

【案例 2.8】格力电器的产品专利

格力电器一直坚持走专业化道路，始终把掌握核心科技作为企业长远发展战略。格力电器已拥有国内外专利 3 500 项，发明专利 560 多项。

合法权

厂商之间的合法权不是来自等级性权威，厂家合法权来自经销商，合法权包括法律合法权和传统合法权。法律合法权是指经销商认为必须遵守合同法。传统合法权是指经销商认为有义务接受厂家规范、价值观和信仰。

【案例 2.9】以下经销商会影响厂家的合法权威

厂家会排除不合格的经销商，因为他们会制造麻烦，不会承认厂家的合法权威：

（1）认为“经营合同”“不过是一张纸罢了”的经销商。

（2）用怀疑眼光看待厂家的经销商（“试试来说服我”）。

（3）思想太独立的经销商（“我会用自己的方法去做，如果你不喜欢的话，来告我好了”）。

感召权

经销商或零售商的感召权是指以销售厂家品牌而自豪；厂家的感召权是以某些店铺销售他们的产品而骄傲。

作为厂家，严格限制分销范围于选定的店铺，如 H&M 只限定在核心商圈如万达门店销售，H&M 就具有感召权。经销商只销售几个特定品牌的商品。比如，只销售格力、BOSS 的经销商，就具有感召权。

思　考

1. 厂家发现经销商的需求和问题并不容易，但制定高效的经销商管理政策，又必须在充分了解经销商的需求和问题的基础上才能有的放矢。通过阅读本章内容，你认为充分了解经销商的需求和问题的方法有哪些？
2. 做好经销商的年度审计工作是制定来年经销商管理政策的重要保证。请根据本企业的实际情况，设计一张了解经销商问题和需求的《经销商年度审计表》。

3. 对经销商提供帮助有 3 种方法，分别是政策支持、厂商伙伴关系和分销规划。这 3 种方法的使用对于经销商都有一定的条件限制。请问在什么限制条件下，厂家采用政策支持、厂商伙伴关系和分销规划来帮助经销商？

4. 厂家和经销商是两个不同的组织，厂家要想高度控制和领导经销商会面临许多挑战，“让经销商去做他本不愿意做的事情的能力”，是判断厂家是否能够高效领导经销商的主要指标。很多市场工作经销商都不愿意主动做，如开发客户、铺货、销售新品、完成任务……面临经销商什么都不愿意做的情况，厂家难道就束手无策了？厂家可以使用哪些权力来改善这种状况？

第 3 章

销售政策激励

经销商销售政策激励的核心是“让经销商在持续合作过程中有最大获利可能”。连续性和差异性、全面性和导向性、规范性和灵活性是制定政策的要求。

——梅明平

企业痛点

★ 畅销品在实际的市场操作中，似乎面临越来越多的困惑：经销商虽然很愿意提货，但是背地里却销售利润更高的产品。畅销品虽然销量大，但是单件产品利润低。没有利润空间，经销商的积极性该如何调动?

★ 公司政策不支持，经销商不愿意多进货；财务政策、市场政策、销售政策等不知道该怎么用。

★ 产品不需要太多宣传推广都有很多销量的时候，经销商争着上门提货。但是情况相反的时候，经销商大都不愿意提货，即使提了货也不愿意主动推销，要求厂家处理库存。

本章重点

阅读本章后，你能够了解：

- 独家经销权激励政策
- 买断销售权激励政策
- 捆绑销售激励政策
- 补库激励政策
- 铺货激励政策
- 产品激励政策
- 折扣激励政策
- 提货激励政策
- 新品首销激励政策

独家经销权激励政策

独家经销指针对某个区域或渠道，厂家承诺经销商只让其一家来销售某产品，并给予相关保护的一种经销商激励手段。同时，经销商承诺不得经营其他竞争对手的产品。这种销售激励政策，常常以双方签订的独家经销协议为准，建立起长期稳定的合作关系。

独家经销对厂家和经销商都有一定的约束力。厂家需要承诺只向该经销商出售商品，而不能向其他人出售该商品；同时，经销商也只能经销该厂家的该商品，而不能经营来自他人的同样的、类似的或与他经销的商品有竞争性的商品。

独家经销的类型

（1）分散型独家经销。厂家将不同的产品给予不同的经销商，进行分散独家经营。这种方式可以规避一些来自经销商的风险，避免“把鸡蛋放在同一个篮子里”。

（2）集中型独家经销。厂家将产品集中交给某一大经销商进行销售，这种方法的机会与风险并存。

（3）定制型独家经销。厂家根据经销商的需求，专门生产符合经销商所在区域的产品，由区域经销商独家销售。

独家经销权激励政策的优势

（1）增强经销商信心。独家经销肯定了经销商在分销价值链中的地位，帮助经销商获得稳定的收益，经销商的信心及对厂家的信任都得到鼓励。

（2）减少竞争。只有被授权的经销商才有在所属区域内经营该产品的权力，减少了来自厂家其他合作经销商的竞争。

（3）稳定市场秩序。独家经销能规避很多恶性竞争，窜货、低价等现象减少，产品市场价格稳定，市场秩序良好。

（4）增加销售。在实际中，厂家实行独家经销时会对经销商的提货量提出明确的要求。为了获得独家经销权，经销商会按照厂家要求进行提货。

（5）有利于密切厂家与一级经销商之间的关系，使彼此意见容易沟通，发生争议容易解决，双方都容易得到对方的支持。

（6）有利于厂家对经销商的管理。因为整个区域只有一家经销商，厂家在发货、价格控制、销售促进、广告宣传、售后服务、派人员参与分销、派代表视察督导销售工作等方面，管理起来比多家分销要方便得多。

【案例 3.1】独家经销制使 A 产品在湖北市场获得快速发展

浙江省某化学公司计划在湖北省销售自己的农药 A 产品。销售部童经理遇到的第一个问题是，选择独家经销还是多家分销？

刚开始，公司准备选择 5~6 家经销商为其销售产品。后来，经过对湖北省农贸市场和农资经销商的调查走访，权衡利弊，公司认为多家分销不如独家经销。其原因是：

（1）独家经销能够使公司有效地控制一级经销商，并通过一级经销商控制公司产品在市场上的销售情况，有效防止窜货、低价和假冒伪劣产品，维护产品投入初期的市场秩序。

（2）对于经销商来说，A 产品在湖北省的销售业务由其一家代理，如果成功，所有利润其一人独享。如果失败，后果自己负责。经销商必将竭尽全力以获得盈利。另外，经销商也会积极配合厂家广告宣传、销售促进、市场监控和售后服务等工作。

（3）因为整个湖北省只有一家经销商，厂家在发货、价格控制、销售促进、售后服务和派人员协助分销方面都可以很好地控制，便于对经销商进行控制和管理。

确定了选择一家经销商进行销售之后，童经理遇到的第二个问题是，选择哪家经销商？

在对武汉市几家实力较强的经销商进行摸底调查之后，公司最后确定选择武汉市富农公司，出于以下考虑：

（1）富农公司作为湖北省实力最强的四大农药经销公司之一，销售能力位居第二，拥有较强的批发网络和分销渠道，在湖北省各处均有一批忠诚的二级批发商，能够使产品迅速覆盖整个湖北省。

（2）富农公司财力雄厚，流动资金充裕。有能力及时回款，还能够为厂家广告宣传和促销推广提供一定的帮助。

（3）富农公司老板经营有序，员工工作井井有条，铺货能力强，团队实力过硬。

（4）公司拥有较大型的仓库，另外拥有一定数量的货车，保证了仓储和物流运输需求。

综合以上 4 个方面，厂家决定选择武汉市富农公司作为厂家唯一经销商，在湖北省内进行独家经销。

买断销售权激励政策

买断销售指的是经销商和厂家就某产品在一定区域内达成协议，经销商以买断价格从厂家处采购一定数量的产品，然后由经销商对产品进行定价对外销售。厂家通过采取买断销售，实现了对经销商的激励和对产品的促销。目前出现的买断销售方式，经销商按照厂家规定的买断价格支付给厂家，拥有了产品的所有权。随后，经销商根据市场需求情况和自身努力情况制定产品的市场销售价格，也就是说在买断式销售中，经销商通过买进和卖出产品的差价得到收益。

买断作为一种促销激励手段，只能是针对特定时期特定产品的行为。

第一种情况是厂家遭遇来自库存和市场竞争的压力。这时候如果厂家主动降价，不仅会冲击他们的整个价格体系，对厂家其他产品的销售产生冲击，还会让已有的客户产生不满，造成消费者持币观望的状态。买断销售的方式，通过对经销商的大幅度让利，给经销商一定的自主定价权。一方面，可以达到降价促销的目的；另一方面，因为降价行为是经销商发起的，而且有大量采购带来成本降低这个理由，避免了对厂家整个价格体系产生冲击。

第二种情况是厂家根据不同区域的特点进行价格区分。由于各地经济发展水平和消费心理不同，同一产品在不同区域的销售情况是有区别的。为了促进销售，厂家需要针对不同区域的特点制定不同的价格。如果厂家主动调整价格，将会导致价高地区经销商的不满，影响整个销售渠道。买断销售此时就可以发挥灵活性的作用：让需要降价地区的经销商去做这件事。这种矛盾“下放”的方法不仅可以达到目的，还让其他地区的经销商无话可说。

【案例 3.2】买断车型获利倍增

上海申银汽车销售公司就曾买断 400 辆高尔和几百辆桑塔纳 2 000 汽车的销售权。随后，他们又一次性买断波罗 03 款汽车在上海和华北地区的销售权，以低价快速争取客户。元旦刚过，武汉许多汽车经销商也开始尝试买断方式。一家经销商买断 100 辆东风雪铁龙赛纳汽车后，打出“让利 4 万元”的口号进行销售，销量迅速提高。买断销售最突出的特点是，通过一家经销商买断，以低于市场价的价格销售产品，形成“寡头垄断”，避免了竞争的出现。

捆绑销售激励政策

早在 20 世纪 70 年代，捆绑销售的概念就被引入了市场营销领域。在经济发展和贸易活动越来越成熟的现实条件下，捆绑销售正在日益成为大多数企业正在或将要实施的市场策略。吴华宇（2012）对捆绑销售有如下定义：将两个或多个产品或服务，以某个特定价格组合销售。

本书对捆绑销售的定义是：厂家通过将不同产品组合在特定时期以特定价格销售给经销商，或者销售某一产品给经销商助其与其他品牌的产品捆绑销售，以实现利润最大化的销售政策。

厂家将不同产品组合捆绑销售，大家都很熟悉。而“销售某一产品给经销商助其与其他品牌的产品捆绑销售以实现利润最大化”，这种捆绑销售方式还是少见的。这种捆绑销售策略若想有效实施，还应当做好如下工作。

第一，建立协销队伍，协助经销商工作。通过协助的方式，派驻业务代表协助经销商工作，既能提高经销商的积极性，又能尽快地掌握市场动态，从而有效地掌控市场。其实，协助经销商也就是最好地控制经销商。

第二，牢牢掌握终端客户，最大限度控制终端网络。终端零售商是最重要的销售网络资源，要掌握市场主动权，重要的一条就是把终端零售商控制住。谁控制了终端零售网络，谁就控制了市场。

第三，稳定厂商关系，做好市场服务。引导厂商之间的战略协同，把握好厂商之间的双赢关系，做好产品、价格、促销等市场服务，使厂商之间形成良性循环发展的合作状态。

补库激励政策

补库政策一般出现在价格变动较多、单位产品价格不菲的竞争激烈的行业。比如，高科技产品，产品生命周期短，更新换代快。针对经销商库存的产品，厂家与经销商签订协议，在规定期限内，产品出现调价时，厂家通过冲抵货款或直接付款的方式，付给经销商进货价格差，以避免经销商在商议期内因产品调价而造成损失。

补库政策的目的是达到整个渠道价值链的总体效用最优。在实践中，补库主要有以下 2 种政策：

（1）完全补库政策。对所有未售出的库存给予批发价下跌数目的全额补偿，且不对库存的采购时间加以限制。

（2）部分补库政策。对适用于价格保护策略的库存加以时间限制，如只对最近 30 天内购进的产品给予补库。或者限制补库的最大额度，如对下跌价格的 70 % 给予补库。

铺货激励政策

铺货是厂家给经销商先提供货物，一定时间内再去收货款的销售政策，目的是激励经销商进货，以打开渠道通路。

厂家铺货要警惕以下几大误区。

1. 缺乏明确目标

有的厂家没有事先去做调研，结果制定的铺货目标不合实际；还有的在铺货时，为了一味追求速度，缺乏主次之分。

【案例 3.3】一次失败的铺货经历

广州一家著名家具企业在进入珠海市场时，没有进行市场调查，认为产品的质量很好，一定会得到市场的认可，于是制定出了在两个月内进入珠海市场的铺货目标。可待铺货时发现，经销商不愿铺货。原因是，当地经销商认为该企业的暗红色古式家具在市场上销路并不大，因为此时珠海市场上正流行着欧美风格的家具，终端顾客也对此风格抱有巨大热情。经销商深知珠海的确存在古式家具的消费市场，但他们不愿意凭借"日薄西山"的产品与风头正劲的对手在铺货上做比拼。两个月后，这家企业匆匆告退。对目标市场基本面的错误判断导致了市场进入的失败，这是企业铺货前期缺乏市场调研和预测的必然结果。

2. 缺乏可行的铺货计划

有些企业在制订计划时根本没有经过调查，凭想象办事，没有充分考虑到产品铺货时会遇到的各种问题。如经销商不愿合作，竞争对手提高市场进入壁垒，产品在销货初期遭到消费者的投诉等，使得计划无法实施。

【案例 3.4】铺货遇到竞品的阻击

安徽一个化妆品生产厂家本来计划进入某区域市场，可由于前期竞争对手的产品已经占领了全部市场，而且竞争对手在得知这个情况后，将价格下调了 10%，新产品进入市场也无利可图。面对竞争对手设置的障碍，厂家只好放弃，当然计划也无法实施。

3. 缺乏合适的铺货人选

铺货人员本身代表着厂家的形象和产品的形象。铺货人员自身素质的低下，不仅会影响产品形象，还影响着整个品牌的形象。

【案例 3.5】没有经过培训的铺货员的失败经历

小博刚从学校毕业，到一家生产排插的企业上班。企业要把排插推向宁波市场，让一批像小博这样的新人未经培训就“上台演出”——去当铺货员。刚走出校园，小博还没有经验。第一次进了一个店铺，老板听说是推销排插的，就大手一挥，不耐烦地说：“不要，不要。”他满脸通红地退了出来。在以后铺货的过程中，他也是只要遇到客户拒绝，就没有勇气继续推销下去，当然也不明白双方合作的目的及终端铺货的作用，更没有收集多少信息。再加上对铺货监管不力，一个月下来，新手们根本没铺几家，该企业也错失了大好的上市时机。

4. 缺乏对时机的把握

促销与铺货往往是联系在一起的，哪个先哪个后，很多厂家都不能很好地把握，以至于错失大好的铺货机会。

【案例 3.6】广告和铺货脱节

晓宇在看了某电视台播出的广告后，两次到超市都没有见到电视上大力宣传的某品牌米稀，令他大失所望。这种铺货与促销的脱节，不仅造成了促销费用的浪费，而且终端铺货的积极性也受到了损伤。

所以，铺货之前，要进行准确的市场信息收集，了解区域市场情况，与经销商进行沟通，掌握竞争对手动态信息和消费者状况。

【案例 3.7】最佳铺货奖大大提升铺货速度

某坚果零食企业在铺货前期进展很不顺利。经销商认为企业的返利太低，不愿配合企业铺货，企业为此也很头疼。后来，企业改变策略，返利不变，但是专门设立“最佳铺货奖”，每年拿出很大一部分资金来对铺货情况良好的经销商进行奖励，激励其铺货。此举充分调动了经销商的积极性，纷纷向零售商推荐这个品牌的坚果零食，市场状况得到了极大改善，产品也很快地铺向了市场。

产品激励政策

经销商并不愿意销售厂家的所有产品，尤其不愿意销售新产品。经销商最愿意销售两类产品，一类是增量产品，另一类是获利产品。

1. 增量产品激励

增量产品属于市场拉力型的畅销产品，流通性强、市场需求量大。经销商愿意推广此类产品以维持与消费者的良好关系，并借此树立良好的区域经销商形象，哪怕它的利润偏低。这种产品通常是主流产品或品牌产品。厂家利用获得畅销品的销售权力，可以大大激励经销商。

2. 获利产品激励

获利产品属于市场推力型产品，流通性弱，需要主动向消费者推介才能形成销售。这类产品不一定很受消费者认知和欢迎，但经销商很愿意花精力推广。经销商愿意推广的原因，要么是最大化的短期利润或其可以带来长远利润，要么是该产品的厂家能满足经销商的精神需求，要么该产品是经销商产品线的必要补充。

所以，厂家经常走访市场，了解经销商需要哪些获利产品，并及时推出获利的新品，可以大大激励经销商的销售热情。

【案例 3.8】瑞奥公司对经销商提货的奖励措施

瑞奥清酒自在市场上推出以来，以其先进的生产工艺，清爽、淡雅的清新口感而深受消费者的喜爱，产品一度呈现供不应求之势。其销量及销售额也占公司较大比例。

但随着市场的日益成熟，产品价格逐渐透明，产品的销量呈现出徘徊不前的态势。这些情况的出现，让瑞奥公司市场部的人员决心弄个水落石出。经过市场调研，他们发现，瑞奥清酒在终端的认知度和重复购买率是非常高的。很多消费者指名购买和消费，甚至部分消费者当打听到没有瑞奥清酒时，拒绝在该饭店吃饭。但为何还是出现销量难以上升的现象呢?

市场部的人员进一步研究发现，原来由于瑞奥清酒价格透明，利润空间非常小，一些零售店甚至卖一瓶才赚 0.9 元。如此低的产品利润使他们丧失了推销的积极性。他们纷纷把瑞奥清酒藏到柜台后面，转而推销其他赚钱的产品，只有迫不得已顾客非要不可时，才从后面拿出来卖。找到了这个深层次的原因后，瑞奥公司市场部采取了如下措施：

（1）改良产品。针对上一款畅销品逐渐老化的趋势，结合先进工艺，改良产品。价格上，采取一明一暗的政策，对价格做模糊处理。将各级经销商的利润合理设定，确保经销商销售产品获利。

（2）强化终端。畅销品若想持续畅销，必须具有稳固的终端销售网络。瑞奥公司不断加强终端建设，建立专业的营销团队，不断培训，注重管理与考核，使得瑞奥清酒在终端随处可见、随处可买。

（3）广告辅助。在电视台投入广告，进行提升清酒销量的促销活动，收到了较好的终端拉动效果。

折扣激励政策

折扣是厂家给予经销商的销售奖赏，是为了激励经销商而采取的一种让价手段。为了鼓励经销商提货，厂家有时会使用折扣方式。折扣的本质是经销商承担营销职能而获得的一种报酬。严格地讲，经销商经营产品靠价差来获取利润，不需要额外的折扣。但是生产厂家会充分利用折扣政策的激励性，来引导、激励经销商多销售自己的产品。

| 折扣类型

1. 现款折扣

现款折扣是对结算的保障，按净销售额的 x%作为标准。可能在一个厂家，这种折扣对所有客户都是一样的，是双方合作的基本条件。

2. 销售增长折扣

销售增长折扣是在市场竞争加剧、商品供过于求的局面下，每个厂家为了得到更多的市场份额而产生的一种折扣。一般都是销售增长 y%，按净销售额的 x%给予返利。增加销售量、占领市场是厂家的目标，但是凭空怎么要求经销商增加销量呢？只有运用销售增长折扣来激励经销商努力销售，共同完成销售目标。通常销售中心会根据每个经销商的销售情况、市场情况和目标压力，制定每个经销商的销售增长目标及返利额度。通常返利的 x%是确定的，每个经销商的增长 y%是不一样的，有各自对应的阶梯值。

3. 专营折扣

很多厂家希望经销商能签订排他性协议，一心一意经营自己的产品。但实际操作中，有许多经销商不愿意专营，理由很简单：风险大，销售受影响，可提供给自己客户选择的产品有限。厂家怎么办？给出专营折扣。专营就享受该折扣；不专营就不享受该折扣。同时，专营折扣也对培养经销商的忠诚度有很大帮助。

4. 市场秩序折扣

市场秩序是现在所有厂家、经销商头痛的事情。市场上经常出现倒货、窜货、低价倾销、价格倒挂的事情，厂家又经常查不出结果。市场价格混乱，货物流通不正常，是销售的一大忌。经销商有一个特点，只要有一家的货物开始低价销售，马上所有经销商都会低价销售。窜货问题出现，利润下降，经销商丧失继续进货销售的信心。经销商是以利润为中心的，只有保证价格稳定和价差合理，他们才有利可图，厂商合作才会持久！因此，设置该折扣来引导经销商共同遵守、维护市场秩序。有的是具体数目，有的是净销售额的百分比。遵守就有，违规就没有。

折扣替代品

折扣替代品包括展示材料、预先标记商品、库存控制项目、产品编目及销售推广文件、培训项目、货架存储项目、广告支持、管理咨询服务、贸易支持项目、销售包装、技术支持、销售及示范人员工资支付和产品推广补贴等。

提货激励政策

提货奖励是厂家根据经销商的单次或累计提货量，给予经销商的一种奖励，是一种比较常用的经销商激励政策。

【案例 3.9】A 公司经销商 9 月提货奖励通知

各经销商：

截至 9 月 10 日，全省首期回款额达 32.58 亿元，比去年同期增长 21.2%，这充分证明了我们大家对新一年的市场销售信心十足，胜券在握，同时也为实现新一年更丰厚的利润奠定了坚实的基础。为了让大家的辛勤付出得到更大的回报，现公司对 9 月空调、风管机、家电、雪原冰箱、火山热水器的提货给予奖励，具体通知如下。

1. 提货考核时间

8 月 25 日—9 月 30 日。

2. 提货奖励

截至 9 月 30 日，空调的实际已提货量达到全年任务量的 18%（其中 A 系列达到本次实际提货量的 50%，B 系列达到本次实际提货量的 18%），并且同时风管机提货量达到全年任务的 21%，家电的提货量达到全年任务的 20%，雪原冰箱的提货量达到全年任务的 10%，火山热水器达到全年任务的 12%的经销商，按空调、空调下乡机、户式风管机、雪原冰箱、火山热水器、家电的打款提货额统一核算给予 2%的奖励（各类产品买断机、工程机除外）。

3. 提货要求

在提货考核时间内，若有任一项指标的实际开票提货量未完成，则不享受本文件所列的各项提货奖励。

4. 尽快开票提货

目前全国各省都在大量要货，货源十分紧张，所以，大家尽快上报要货计划，开票提货。

新品首销激励政策

对于即将上市的新产品，厂商会在一定的区域内，选择某一经销商，给予其一定时期内新品的首销权。因为是首销，所以市场上关于该产品没有同类竞争者，避免了经销商所受的部分竞争。另外，首销期内，厂家不会对价格有过多干涉，经销商具有一定的盈利空间。因此，经销商会积极提货，以在一定时期内获得更多的利润。

【案例 3.10】首销实现厂商共赢

A 企业是国内著名家电连锁企业，与 B 电视制造企业签订了 12 亿元液晶电视采购大单，大幅拉低了该类液晶电视在 A 企业的销售价格，其中 65 英寸液晶电视新品将以 49 999 元的价格在 A 企业独家首销。A 企业表示，大单采购本身就降低了采购成本，加上部分产品属于首销特权，有很大的利润空间。

总结案例

业务员建议经销商将A产品与其他品牌产品捆绑销售，获得成功

小李是南方某功能饮料企业业务经理，接受上级委派开发中部一个新的区域，在这个地区，他们的产品是新产品，也没有知名度。小李想，自己厂家的产品在此地没有知名度，只能找一些不大不小的经销商来招商。谁知，一个月下来，小李同不少经销商谈过，可没有一个经销商对他的产品感兴趣。小李只好去找更大一点的经销商去试一试，没想到有一个做得比较大的经销商对小李的产品有兴趣。

经过几次接触了解后，小李心里有了底，原来这个经销商一直做得比较大，手上有好几个畅销产品总经销权，然而尽管市场做得很火，却因为厂家对市场管控不严，窜货严重，价格越卖越低，经销商成了厂家的义务“搬运工”。于是小李针对经销商果汁饮料好销但不赚钱，自己的功能饮料赚钱但不好销的现实情况，给经销商出了一个捆绑销售的思路。经过认真研究，经销商与小李共同策划了一个捆绑的方案。

第一，与其被动地被窜货冲击，完成不了销量，还不如干脆把价格降下来，平价进平价出，争取年底完成销量任务，拿到厂家返利，而且有效阻击窜货，维护自己的网络信誉。

第二，饮料的价格也不能白白下降，可以用果汁饮料带动功能饮料的销售，每进多少件饮料须搭多少件小李的产品。

很快，小李的功能饮料在区域终端铺货率迅速提高，而经销商也因为果汁饮料的价格下降后，销售量增加，年底前销量任务较轻松地完成了，厂家的返利也顺利拿到了。

在取得良好的铺货率以后，小李很快得到了上级的支持，迅速组建了协销队伍，协助经销商做市场、搞促销。因为功能饮料的销售势头看好，经销商又增加了一个新的利润增长点。

思　考

1. 现在，许多厂家在开发经销商的时候，都采用独家经销权的销售政策，即厂家承诺在该区域只委托一家经销商销售，以此达到快速开发经销商的目的。现在的问题是，经销商获得了独家经销权，有了经营权的安全感，但厂家却吊死在一棵树上了，厂家没有了安全感。在使用独家经销权的同时，如何确保厂家也同样有安全感？
2. 请列出捆绑销售对厂家有哪些好处（至少 10 条）。厂家如何运用捆绑销售政策实现这些好处？
3. 厂家对某产品实现降价政策而采用的补库政策风险非常大。如果对现有的渠道库存全补差，就需要获得经销商、二级批发商等渠道仓库的库存数字，而获得这些库存数字的工作量是非常大的，真实性也值得怀疑。如果仅仅对前一段时间经销商的进货量补差，也可能会出现某些区域或某些经销商的库存量远远大于补差的数量，不利于补差产品的后续销售，也会使渠道商产生抵触情绪。对于生命周期短、更新换代快、竞争激烈导致价格变动较快的产品，为了减少经销商的库存损失，除了补库政策外，你认为还有什么方法可以采用？

第 4 章

返利激励

商业合作必须有三大前提：一是双方必须有可以合作的利益；二是必须有可以合作的意愿；三是双方必须有共享共荣的打算。此三者缺一不可。

——李嘉诚

企业痛点

★ 经销商推荐竞品的积极性更高

★ 产品总陈列在不显眼的地方

★ 经销商不愿意销售新产品

★ 窜货总是屡禁不止

★ 小经销商在大经销商处拿货

本章重点

阅读本章后，你能够了解：

- 返利的定义
- 返利的 2 个作用
- 返利的 6 个目的
- 返利的 4 个种类
- 返利的 3 种兑现形式
- 确定返利水平的 4 个因素
- 设置返利系统的 4 个关键点
- 设计返利系统的 4 个步骤

返利概述

返利的定义

返利是指厂家或供货商为了提高经销商的销售积极性而采取的一种正常商业操作模式，一般是在要求经销商在一定市场、一定时间范围内达到指定的销售额的基础上给予多少个百分点的奖励，常常以现金或实物的形式给予兑现。

返利本质上是厂家对经销商的一种激励手段，以最大限度地刺激经销商销售自己产品的积极性，利用经销商的资金、网络，加速产品的销售，以期在品牌、渠道、利润等诸多方面取得更高的回报，实现利润最大化目标。

返利的作用

对厂家来说，返利是把双刃剑。如果运用得当，可以起到激励经销商的作用，有不少生产厂家也正是借此在市场上获得了巨大的成功。可一旦用不好，就会成为经销商窜货、乱价等短期行为的诱发剂。返利具有两种特殊功能，即激励和控制。这两种功能是相辅相成的，二者之间是一种互动关系。

（1）激励功能。激励经销商按时或提前完成销售目标。返利对经销商而言是一种额外收入，而且门槛不高，实现销售就会有相应的返利，可起到激励经销商的作用。

（2）控制功能。想让经销商在获得高额返利的同时，又能遵守厂家的各项制度，维护市场秩序，厂家除了对经销商有销量方面的要求之外，还会要求经销商不能有市场违规行为，否则将受到扣减返利甚至取消返利的处罚，以达到控制经销商行为的目的。

返利的目的

提升整体销量

激励经销商提升整体销量是返利最主要的目的。返利也因此常常与销量挂钩，经销商随着销量的提升而享受更高比例的返利。在厂家发展初期，或者针对新产品，常常以此为目的。

完善市场

实际上，这是返利发挥其控制功能的一种形式。除与销量挂钩之外，返利还将与提高市场占有率、完善网络建设、改善销售管理等市场目标相结合。这往往作为厂家给予经销商返利的前提。

加速回款

这种返利方式将返利直接与回款总额挂钩。回款越早，返利越高。超过某一时间，则不再享受返利。

扩大单次提货量

这种返利往往采取现返的方式，类似于价格补贴。大多时候，这种返利分为两部分，一部分采用现返方式兑现，另一部分则在一段时期之后根据这段时期总体销量进行返利。

品牌形象推广

这种返利有时候也被称为“广告补贴”，与销量挂钩，并参照补贴市场的实际广告需求确定返利比率。需要说明的是，这种返利与销量返利并存，不同市场的两部分返利的比例关系不是一致的。在兑现这种返利时，经销商应出具各种用于广告费用的支出凭证。

阶段性目标达成

这种返利是为配合企业阶段性销售目标的达成而特别设置的阶段性返利。比如，企业为促使经销商进货、增加库存，可采取阶段性返利政策。经销商若超过此期限进货，则不再享受此项返利政策。

返利的分类

按返利兑现时间分类

1. 月返利

月返利是指厂家根据经销商月度完成的销售情况，每个月给经销商实现的返利。月返利的优点是体现激励措施的及时性，让经销商随时可以看到返利的诱惑，相当于给业务人员配备了一把有力的武器；而且比较容易根据市场的实际情况、淡旺季等来制定合理的任务目标和返利目标，操作起来非常灵活。缺点是对公司财务核算有比较高的要求；如果月返利金额较小，则对经销商的激励不够；有时还会导致市场大起大落、销售不稳定，如经销商往往为了追求本月的高返利而拼命压货，导致下月的销售严重萎缩。

小技巧：厂家为了减少月返利的不利因素，可以采取月结季返制，即厂家每个月给经销商结算一次返利，但不立即兑现返利，而是在一个季度结束时，将累计的返利一次性兑现给经销商。

2. 季返利

季返利是指厂家根据经销商季度完成的销售情况，每季度给经销商实现的返利。季返利一般在每季度结束后的 2 个月内由厂家选择一定的奖励形式予以兑现。

3. 年返利

年返利是指厂家根据经销商年度完成的销售情况给经销商实现的返利。这种返利方法是对经销商完成当年销售任务的肯定和奖励，一般在次年的第一季度内由厂家选择一定的奖励形式给予兑现。年返利的优点是便于企业和经销商进行财务核算，容易计算营销成本，便于参照考虑退换货等政策因素，以及制定明确的销售任务目标。而且，年返利账面金额往往比较大，对经销商有一定的诱惑。年返利能够有效缓解流行的分期付款和按揭贷款给企业结算造成的压力，有利于企业资金周转。年返利的缺点是周期比较长，对经销商即时激励性不够，制定的销售任务目标难以及时进行调整。而且，如果经销商在经营的前几个月中经营不善，发现返利无望后，就可能会对返利失去兴趣。

小技巧：厂家为了充分发挥返利的激励作用，在实现月返利的同时，配合年返利，实现月返利和年返利的结合。这样，既保证了给予经销商及时激励，又保证了对于全年销售计划的激励效果。

4. 及时返利

及时返利是指厂家根据经销商单次的提货金额，现场给经销商兑现的返利。其优点是计算方便，缺点是影响市场价格。

按返利兑现方式分类

【案例 4.1】

百事可乐公司为提高经销商的积极性，巧妙运用返利政策，规定返利分为 4 个部分：年扣、季度奖励、年度奖励和下年度支持奖励。除年扣为“明返利”（在合同上明确规定为 1%）外，其余 3 项奖励为“暗返利”，即事前没有任何约定执行标准，事后才告知经销商。

1. 明返利

明返利是指明确告诉经销商在某个时间段内累积提货量对应的返点数量，是厂家按照与经销商签订的合同条款，对经销商的回款给予的定额奖励。明确的按量返利对调动经销商积极性有较大的作用。

明返利的最大缺点在于，由于各经销商事前知道返利的额度，如果厂家稍微控制不力的话，原来制定的价格体系很可能就会因此瓦解。为抢夺市场、得到奖励，经销商不惜降价抛售、恶性竞争。最终，厂家的返利完全被砸了进去，不但没起到调节通路利润的作用，反而造成了市场上到处都是乱价、窜货的恶果。

2. 暗返利

暗返利是指对经销商不明确告知，而是厂家按照与经销商签订的合同条款，对经销商的回款给予的不定额奖励。暗返利不公开、不透明，就像常见的年终分红一样，在一定程度上消除了一些明返利的负面影响，而且在实施过程中还可以充分地向那些诚信优秀的经销商倾斜和侧重，比较公平。

但是，暗返利在实施过程中是模糊、不透明的，可是当实施的那一瞬间，模糊奖励就变得透明了。经销商会根据上年自己和其他经销商的模糊奖励的额度，估计自己在下一个销售年度内的返利额度。

小技巧：暗返利只能与明返利交叉使用，而不能连续使用。否则，暗返利就会失去其模糊的意义。。

按返利目的分类

1. 过程返利

为科学地设计返利系统，应根据过程管理的需要综合考虑返利标准。既要重视销量激励，也要重视过程管理。这样既可以帮助经销商提高销量，又能防止经销商的不规范运作。奖励范围可以涉及铺货率、售点生动化、全品项进货、安全库存、遵守区域销售、专销、积极配送和守约付款等。以下介绍几种常用的奖励。

（1）铺货陈列奖。在产品刚进入目标市场时，为了迅速将商品送达终端，厂家给予经销商铺货奖励作为适当的人力、运力补贴，并对经销商将产品陈列于最佳位置给予奖励。比如，可以根据经销商在区域内网点铺货的不同数量，如 400 家、600 家等进行不同的奖励，也可以根据经销商在区域内网点铺货不同的市场占有率，如铺货率 60%、80%等进行不同的奖励。

（2）渠道维护奖。为避免经销商的货物滞留和基础工作滞后导致产品销量萎缩，厂家以渠道维护奖的形式激励经销商维护一个适合产品的有效、有适当规模的渠道网络。

（3）价格信誉奖。为了防止窜货、乱价等不良行为的产生，导致最终丧失获利空间，厂家设定价格信誉奖，加强对经销商的管控。比如，针对区域市场价格的稳定情况，给予 2%的返利作为奖励。

（4）合理库存奖。厂家考虑到当地市场容量、运货周期、货物周转率和意外安全储量等因素，设立合理库存奖，鼓励经销商保持适当库存。这种奖励，其前提是需要厂家对经销商的库存数据有明确的记录和及时的了解，这样的奖励才有意义。

（5）竞争协作奖。为经销商的政策执行、广告与促销配合、信息反馈等设立竞争协作奖，这样既能强化他们与厂家的关系，又能淡化他们之间的利益冲突。比如，对与厂家合作良好的经销商，给予年终 2%的返利作为奖励。

2. 销量返利

经销商在销售时段内（月、季或年）完成厂家规定的销售额，按规定比例及时享受厂家支付的返点。

【案例 4.2】

方总是某化妆品厂家的营销老总，去年销售成绩还不错，今年准备大干一场。为了达到这一目的，方总出台了新的奖励政策，在去年的基础上，进一步提高销量返利奖励金额。

方总制定了 3 个不同的年销量指标，即必保任务、争取任务和冲刺任务，完成的年销量指标越高，则年底返利的百分比越大，以此激励经销商多出销量。3 项指标为必保任务 200 万件，争取任务 250 万件和冲刺任务 300 万件，返利比例分别为 1%、3%和 5%。

按返利内容分类

1. 产品返利

产品返利应包含主销产品、辅销产品、新产品等不同的产品系列返利。企业对不同的产品线实现不同的返利标准，以激励经销商积极销售非畅销产品，实现企业产品的均衡发展。比如，流通慢的产品比流通快的产品返利高，以刺激流通慢的产品的销量；品牌知名度低的产品比知名度高的产品返利高，以刺激品牌知名度低的产品的销量；新产品比老产品返利高，以刺激新产品的销量等。

2. 物流配送补助

对于“物流配送商”型的经销商来说，产品的运输费用成为主要开支，包括车辆折旧费、汽油费、过桥费、司机工资等。如果这些费用不能从产品的返利中得到补偿，将会影响经销商销售这些产品的积极性，产品的销量将会下滑。所以，在返利系统中，设置物流配送补助项目，激励经销商积极开展产品的铺货和分销工作。

小技巧：在设置物流配送补助项目时，要根据产品的销售特性来确定。比如，“特效中药牙膏”属于流通性产品，分销网点多，需要做好配送工作，则该产品可以设置物流配送补助，根据产品的销量，给予一定百分比的物流配送补助比率，如2%；而“160g全效牙膏”属于终端产品，各超市商场是其主要销售的场所，对于这类产品，可以不设置物流配送补助，因为其销售区域大多集中在经销商所在地的城镇，所花费的运输费用很少。

3. 终端销售补助

终端销售补助主要是对适合终端销售的产品的补助。终端销售主要是指需要进场费、陈列费、堆头费、DM费等各种名目的费用的连锁超市、大商场等KA卖场。由于这些费用名目繁多，手续复杂，企业审核的工作量大，其真假难辨。同时，这些费用的多少没有绝对的标准。对于同一个项目的费用，不同的人谈判可能有截然不同的结果。因此，应设置终端销售补助，将这些费用折合成比率，返利给经销商，以补偿所需要支付的费用。适合终端销售的产品，应与适合流通销售的产品分开。

4. 人员支持

为支持经销商在当地开展工作，有些企业会为经销商在当地聘请销售人员。然而，企业要实现对这些销售人员的管理和监控是很困难的。为了充分发挥企业对经销商实现人员支持的效率，经过经销商的申请、企业审核，企业每月给予经销商所核定的人员编制的工资，作为人员支持的费用。

小技巧：为了提升人员的效率，企业最好能给予这些在当地聘请的销售人员一定的销售目标，并对其开展培训工作，加深这些员工对企业的认知，同时加大对这些员工的掌控力度。

5. 地区差别补偿

由于产品在不同区域的市场基础不一样，产品知名度、美誉度也就不一样。有的区域市场基础好，产品销量自然要高；有的区域市场基础差，产品销量自然要低。同样的返利标准，显然对市场基础差的经销商是不公平的。为公平起见，企业应设置地区差别补偿，以提高市场基础差的经销商的积极性，并通过经销商的积极推荐，尽快使市场基础差的区域成为市场基础好的区域。比如，对于新开发的湖南省销售区域，给予经销商“月度额外返利 3%”的销售补贴，以刺激产品在新区域的销量。

小技巧：地区差别补偿的关键点在于控制产品在新区域的销售，避免新区域的经销商将产品流入老区域市场进行销售，以骗取地区差别补偿。常用的方法就是限量供货，即厂商双方根据市场目前的销售容量设定一定的销售额度，厂家按照额度发货，如需提升额度，则需要双方重新确认。

6. 经销商团队福利

为把一定区域内一盘散沙的经销商组织起来，企业应组织经销商成立厂商共赢委员会、团队或互利会，并给予会员一定的返利作为会员福利，如给予经销商销量的1%作为加入行会的福利。在成立时，可以以地区、省为单位，由经销商选择自己的会长、团长等，由团长、会长定期如每个季度组织自己区域内的经销商到某个风景名胜地聚会，讨论本区域内的事项如价格、窜货、渠道发展、广告宣传、企业政策反馈等，达成共识，联络感情，为成立大网络打下良好的基础。

7. 专销或专营奖励

专销奖励是经销商在合同期内专门销售本企业的产品，不销售任何其他企业的产品，在合同结束后，厂家根据经销商销量、市场占有情况及与厂家合作情况给予的奖励。专营奖励是经销商在合同期内专门销售企业的产品，不销售与企业相竞争的产品，在合同结束后，厂家根据经销商销量、市场占有情况及与厂家合作情况给予的奖励。在合同执行过程中，厂家将检查经销商是否执行专销或专营约定。专销或专营约定由经销商自愿确定，并以文字形式填写在合同文本上。

小技巧：返利就像国家的税收政策，能够调整产业结构，改变经营行为。企业要充分运用返利这个管理工具，达到提高绩效的目的。具体来讲，可以达到以下目的。

（1）调整产品结构。通过制定不同产品不同返利的政策，引导经销商销售积压品、高利润产品、淘汰产品和新产品。

（2）控制违规行为。低价和窜货是企业很难解决的两大经营秩序问题。设立返利前提——无窜货或无低价才能获得返利，有助于控制经营秩序。

（3）控制并单。设置能够让经销商足够重视的年返利，可有效防止经销商之间的并单行为。

（4）控制“公一个月母一个月”的行为。“公一个月母一个月”，是指这个月销量好完成了任务，下个月销量差没有完成任务。通过设置获取年返利的条件来控制这种行为，如获取年返利的前提条件是每个月完成任务不得低于 80%。

（5）控制选择多个品牌尤其是销售竞品的行为。在设置返利前，对经销商进行分类：专销商、专营商和多品牌经销商。返利时要区别对待，鼓励专销商，打击多品牌经销商。在完成同样销量或任务的情况下，专销商返利 7%，专营商返利 5%，而多品牌经销商只返利 3%。只有这样，才能防止经销商做其他品牌。

返利的兑现方式

返利不仅是一种激励手段，更是一种控制工具，因为返利奖励常常不是当场兑现，而是滞后兑现的。换言之，经销商的部分利润是掌握在厂家手中的。如果厂家返利用得好，就可使返利成为一种管理控制经销商的工具。企业在选择兑现方式时，可根据自身情况进行选择，以起到激励和控制的作用。

现金

返利可以根据经销商的要求，以现金、支票或冲抵货款等形式兑现。如现金金额比较大，企业可要求用支票形式兑现。现金返利兑现前，企业可根据事先约定扣除相应的税款。使用现金来兑现，无论是为了激励还是加以控制，都能起到非常好的效果。

产品

以产品形式返利，就是企业用经销商所销售的同一产品或其他适合经销商销售的畅销产品作为返利。需要注意的是，产品必须畅销，否则返利的作用就难以发挥。

折扣

折扣也是产品返利最为常见的一种模式。其特点就是返利不以现金的形式支付，而是让经销商在下次提货时享受一个折扣。厂家主要通过这种模式减少自身的现金压力。比如，某经销商上次的返利金额为 2 万元，本次提货 10 万元，则企业按照 8 折的优惠给经销商，实收 8 万元，发货 10 万元，则 2 万元就作为折扣奖励给了经销商。

小技巧：用折扣方式支付经销商的返利时，要注意折扣幅度不能太大，如 4 折、5 折这样大幅度的折扣，容易引起相关部门的注意。最好的折扣是在合理的范围内，如 8 折、9 折等。

返利的兑现

返利的兑现是经销商非常关注的一件重要的事情，需要合理解决。如果用产品返利，经销商最关心以下问题：是用畅销产品还是用积压品？是通过赠品形式还是折扣形式？产品算不算经销商的销量？经销商如何合理避税？如果用现金返利，经销商最关心以下问题：使用哪种货币结算？是冲货款还是直接打入经销商账户？是属于经销商个人的收入还是经销商公司的收入？经销商如何合理避税？关于何时兑现，经销商最关心以下问题：如果是月返利，何时兑现？如果是季返利，何时兑现？如果是年返利，何时兑现？如果月返利太少，能不能集中在季度一次性返利，月结季返？

确定返利水平

返利作为一种激励手段，必须具有一定的诱惑力。返利的力度必须能刺激经销商去努力提高销量，以获取尽量多的利益。同时，返利也必须在严格财务核算的基础上确定点数的范围。确定点数时应考虑以下 4 个因素。

不同行业的返利水平

不同的行业其返利标准肯定是不同的。像建材、家电、汽车等整体规模较大的行业，其返利标准肯定比服装、食品等品类的返利标准要低。

【案例 4.3】

日本夏普音响的返利政策是（针对专卖加盟商）：经销商首次拿货 10 万元，当即返利 5%用于广告、促销费用；以后每满 10 万元，即返利 5%；年度拿货达到 100 万元，则再返利 8%。这个返利点相对而言是比较高的，因为音响行业整体利润率是比较高的。

飞利浦彩电在某年针对国内经销商的返利政策是：月度返利，经销商月拿货 100 万元以上，返利 1%；季度返利，经销商季度拿货 500 万元以上，返利 0.5%；年度返利，年度拿货 1 500 万元以下，再返利 0.5%。

产品利润率水平

不同产品的利润率不同，如化妆品的利润率就明显要比牙膏的利润率高。

产品类别

产品返利的大小在一定程度上要根据产品的类别来决定。主销产品的销量大，产品流通速度快，产品知名度高，在设置返利比率时，应处于较低的水平。辅销产品的销量小，产品流通速度慢，产品知名度低，需要经销商或推销人员大力推荐，为提高经销商销售辅销产品的积极性，在设置返利比率时，应处于较高的水平。对于刚刚上市的新产品，经销商的大力推荐对产品成功上市起着重要的作用。提高新产品的返利比率，是提高经销商积极性的重要手段。一般情况下，新产品上市的 6～12 个月为新产品推广期，应采用新产品返利标准来刺激销售。新产品又可分为主销新产品和辅销新产品。在设置产品返利比率时，辅销新产品的返利比率应高于主销新产品的返利比率。

竞争对手的返利水平

营销战略讲究知己知彼。企业所制定的返利政策必须和主要竞争对手相比有一定的优势，才能占据更多的主动，发挥返利的推动力。

小技巧：经销商返利力度，直接关系到企业产品的经营成本，关系到经销商的积极性，关系到企业的竞争力，关系到其他营销费用如促销费的分配。所以，经销商返利力度能够反映销售总监的管理水平、市场部与销售部的配合默契程度、企业老板的经营思路。确定返利大小需要参考以下因素：

（1）不同产品的利润空间。它是调整产品结构的关键。

（2）行业的返利水平。它是是否达到行业标准的关键。

（3）主要竞争对手的返利水平。它是提高竞争力的关键。

（4）经销商所经营的其他竞品的返利水平。它是成为经销商首推产品的关键。

（5）企业历年的返利水平。它是影响经销商不满情绪的关键。

（6）返利占经销商所获整体收入的比例大小。它是影响经销商积极性的关键。

（7）返利的大小。它是影响企业利润的关键。

设置返利系统的关键点

经销商经营产品的最终目的是最大化地获取利润，而厂家的返利也的确可以成为控制经销商、争取渠道畅通的一种直接而有效的激励手段。那么，如何才能很好地利用返利这种方式，同时又能将其负面作用降至最低呢？必须建设一个科学的返利系统，在建设时应特别注意以下 4 个方面。

产品生命周期

不同的产品生命周期，返利侧重点不同：

（1）导入期。消费末端拉力不足，需倚仗经销商的努力方可进入市场。此时不妨提高返利额度，鼓励市场铺货率、占有率、生动化等指标的完善和提货量的完成。

（2）成长期。重在打击竞品，要加大专销、市情反馈、配送力度、促销执行效果等项目的奖励比例，同时辅以一定的销量奖励。

（3）成熟期。末端拉力强劲，销量较为稳定，就应重视通路秩序的维护。返利应以守区销售、严格遵循价格体系规定出货为主，销量奖励起辅助作用。此时厂家的精力应放在培养自己的销售队伍去提高铺货率、生动化、渗透率及开发边远外围空白区域等工作上。

经销商队伍稳定情况

市场变数较多、经销商队伍不稳定的企业，采用周期较短的返利方式比较合适。这样有利于迅速激励经销商加大对本品牌的资金和精力投入，有利于市场的迅速壮大，也有利于企业及时调整销售政策。而在经销商队伍稳定或双方合作长久、默契、相互信任的情况下，则可以采用较长周期的返利方式。

销售淡旺季

对于淡季、旺季比较明显的行业，也适宜采用短周期的返利方式，以刺激淡季经销商业绩的增长。

市场掌控度

掌控市场能力比较强的企业会采用年度返利和月度返利等相结合的方式。这种方式既有短期的业绩奖励，又有长期的目标任务促进，更能有效地达到激励效果。但这种方式对营销管理和财务管理有比较高的要求。

小技巧：企业的返利方式不是一成不变的，要根据不同的市场情况设置不同的返利方式。

市场不同，返利重点不一样。发达市场返利侧重于控制市场价格，防止窜货；发展中市场返利侧重于打击竞品，提高铺货率；新开发市场返利侧重于引导经销商主动压货。

同一家企业在不同的发展时期，返利重点不一样。新企业返利重点在于鼓励经销商进货，以销量返利；成熟企业返利重点在于培养中小经销商成长，以任务返利。

经销商情况不同，返利重点不一样。企业大部分经销商是新加盟的经销商，返利以月度返利为主，短期奖励；企业大部分经销商同时在经营竞品，返利以打击竞品为主；企业销量主要来自几个大的经销商，返利以鼓励中小经销商发展，抑制大户经销商为主。

产品销售的季节性不同，返利重点不一样。销量均衡且稳定，返利重点是鼓励均衡销售，以月度返利为主，年度返利为辅；季节性明显的产品，返利重点是鼓励提前进货，进货越早，返利越多。

【案例 4.4】A 厂家返利政策

（1）经销商完全按照公司的价格制度执行销售，返利 3%。

（2）经销商超额完成规定销售量，返利 1%。

（3）经销商没有跨区销售，返利 0.5%。

（4）经销商较好地执行了市场推广与促销计划，返利 1%。

设计返利系统的步骤

确定返利项目、返利水平和返利时间

表 4-1 为用来确定返利项目、返利水平和返利时间的返利系统设计表。

表 4-1 返利系统设计表

返利类别	返利项目	现返利	月度返利	季度返利	年度返利	返利合计
产品类	畅销产品					
	非畅销产品					
	新产品					
市场类	铺货率					
	售点生动化					
	全品项进货					
	专卖或专销					
	无窜货					
	无低价销售					
销售支持类	安全库存					
	守约付款					
	物流配送					
	终端销售					
	人员支持					

在制定返利政策时，要特别注意在不同的市场阶段，返利的侧重点应各不相同。

小技巧：用返利来激励和控制经销商，企业首先要清楚现阶段激励和控制经销商要达到的具体目标是什么。只有具体目标清楚，才能有的放矢，才能根据目标制定有针对性的返利方案，才能通过返利奖励得到企业真正想要的东西。而在不同的市场阶段，企业的重点目标是不同的，所以不同阶段返利的侧重点也应不同，如此才能做到激励目标与厂家目标的统一。

确定返利兑现方式

如何确定返利兑现方式？结合前面所介绍的内容，再判断性地回答以下几个问题，就很容易做出决定：

- 企业现金流是否允许？
- 窜货现象是否严重？
- 经销商的积极性高不高？
- 产品是否为畅销产品？
- 与经销商的关系是否稳定？
- 是否有新产品推广？

多种返利期限并存

从根本上说，返利就是针对一定期限内的累计销量或销售额而制定的。但随着市场竞争进一步加剧，经销商要求缩短返利期限的呼声越来越强烈，同时他们又想通过更长时间累计销量或销售额来获得更高比例的返利。为此，一些企业采取了“现返+季度返+年返”或“季度返+年返”的方式，满足了经销商多方面的要求，有效促进了产品销售。

成熟产品返利政策

就像当产品处于成长期时，可以鼓励窜货；但当产品处于成熟期时，要坚决制止窜货行为。同样，在不同阶段，返利的政策也应有所不同。成熟期制定返利政策时，可以多用过程返利，少用销量返利。企业对经销商要重视销量激励，更要重视过程控制管理。在返利政策的制定上，不能以销量作为唯一的返利标准，而应根据过程管理的需要综合评定返利标准。

可以针对营销过程的种种细节设立返利奖励，奖励范围可以包括铺货率、售点生动化陈列、全品项进货、合理库存、遵守区域销售规则、专销积极配送和守约付款等。过程返利既可以提高经销商的利润，从而扩大销售，又能促使经销商规范运作，还可以培育一个健康的市场，保证明天的利润目标。

小技巧：设计返利时，如何利用返利政策提高管理效率，提升经销商销量呢？以下提供 7 种方法。

方法 1：增强产品竞争力的返利方法。返利设置方法：使比率高于竞争对手。比如，某竞品的返利比率为 5%，你设置的返利比率为 8%以上。销售总监要提升返利比率的话，需要与总经理、市场部总监等人商量。要提升返利比率，就需要减少其他销售费用，如促销费用、广告费用等，使整体销售费用处于原有水平，而不至于提高返利比率而使销售费用增加。

方法 2：提升销量的返利方法。返利设置方法：依据销量的多少返利，销量越多返利越高。比如，经销商完成 50 万元以下，奖励 3%；完成 50 万~100 万元，奖励 5%；完成 100 万元以上，奖励 9%。这种方法主要促进经销商追求高的销售额，在产品知名度不高、新企业、新产品、经销商分布密度不高时采用，但容易制造大户经销商，也容易产生窜货，导致大户吃小户的现象。所以，最好的方法是在企业发展的前 3~5 年内采用此方法返利，接下来，就按照完成销售计划的比例进行返利。

方法 3：促进任务完成的返利方法。返利设置方法：依据经销商完成销售计划的百分比进行返利。比如，某企业的返利如下：经销商完成 80%以下，无返利；完成 80%~100%，返利 5%；完成 100%以上，返利 7%。为使经销商每个月都有销售压力和动力，销售总监必须给经销商制订月度销售计划，以便确定月度返利体系。很多企业没有给经销商制订月度销售计划，这对于提升经销商的销量没有好处。在月底到来时，经销商不会感觉到任何销售压力，也不便于销售人员管理和月底要求经销商压货以便完成销售计划。如果经销商月度销售额很低的话，同样可以制订月度销售计划，只是计划销售额没有那么高。如果是新的经销商，也可以制订月度销售计划，参考当地的人口数量，或者参考同类型市场的原经销商初期的销量。

方法 4：助推新品上市的返利方法。返利设置方法：提高新品的返利额度。比如，某企业返利政策如下：正常产品的返利为 5%，新产品返利为 10%（新产品的定义为产品从上市当月起的连续 6 个月内）。另外，如果企业有一些利润高但销量不大的产品，以及库存积压品，也可以采用提高返利比率的方式。

方法 5：加速回款的返利方法。返利设置方法：主要鼓励经销商现款现货。比如，现款现货，返利 5%；10 天内付款，返利 3%；11~15 天内付款，返利 1%；超过 15 天付款，无返利。

方法 6：控制多品牌经营的返利方法。返利设置方法：鼓励经销商全心全意做我们的经销商。比如，一般经销商返利 3%；专营商返利 5%；专销商返利 7%。注意，为尊重经销商的选择，销售总监要在合同上给予经销商选择类型的机会，由经销商本人决定是专销还是专营。

方法 7：控制市场秩序的返利方法。返利设置方法：将经销商的返利与经销商的违规结合起来。比如，某企业的返利规定是，所有获得返利的前提是经销商没有违规记录。再如，某企业的返利比率设置是，销售返利 1%，无窜货记录 2%，无低价销售记录 3%。

总结案例

K 厂家经销商返利政策

1．季度返利政策

季度返利表

（表格及建议部分数据根据企业实际状况调整，此处仅作举例说明）

返利时间		季度返利		
完成任务		＜50%	50%≤完成＜100%	≥100%
销售返利		0	2.0%	4.0%
市场秩序	无窜货	0	1.0%	2.0%
	无低价	0	1.0%	2.0%
经销商类型	家人型	0	0	2.0%
	亲属型	0	0	1.0%
	朋友型	0	0	0.5%
	老乡型	0	0	0
返利区间		0	4.0%	8%~10%
特别说明		1．所有返利以产品形式兑现，且返利不计入销量 2．兑现时间在下季度第 2 个月 15 日		

K 厂家激励政策亮点：增加了市场秩序和经销商类型奖励，以便控制经销商自律；只设置 3 个返利档，是为了便于经销商记忆和操作；经销商类型只设置了最多 2%，是因为现在大多数经销商做不到，既要照顾多数，又要照顾少数。这种返利方式关键是任务的制定，建议 2017 年的销售任务在 2016 年实际完成的 115%~125%，不得低于 115%，也不得超过 125%，以防止窜货。另外，在分配下年度销售任务时，每个季度不得超过年度任务的 30%，也不得低于年度任务的 15%；无窜货无低价的认定，以处罚文件为准。工程客户以 2016 年原有政策执行，不计算在年度任务内，也不享受所有返利政策。

2．完成季度任务追加返利

K厂家不仅有基本的返利，还设有完成季度任务增加返利，以激励经销商淡季销售。

完成季度任务追加返利表

（表中数据仅作参考）

完成计划情况	第一季度	第二季度	第三季度	第四季度
完成第一季度任务	—	—	—	—
完成第二季度任务	4%	—	—	—
完成第三季度任务	4%	4%	—	—
完成第四季度任务	4%	4%	4%	—

K厂家激励政策亮点：可以给经销商完成每个季度任务强大的诱惑力；可以避免返利失控，因为追加季度任务返利是按照季度销售任务计算，而不是按照真实销售额计算的，防止经销商将销量集中在第一季度，以获得12%的季度返利；如果经销商全部得到追加的季度返利，相当于年度返利为6%，这个返利力度比较有诱惑力。

思　考

1. 作为职业经理人，你被某厂家聘请为新的销售总监。你发现这个厂家的经销商大多经营3个以上品牌，而且这些品牌都是竞品。通常情况下，经销商在进货时，都会对这几个厂家的销售政策进行比较，比较的内容包括：当月促销计划、返利政策、销售竞赛、客情关系、品牌知名度、产品畅销情况、厂家管理权力……由于前任销售总监无法吸引这些经销商把本厂家的产品作为重点产品销售，导致销量连续3年下滑。为了改变这种状况，公司辞退了原来的销售总监。作为新上任的销售总监，为了快速提升销量，结合你过去的销售经验和从本书中学到的技巧，你有哪些立竿见影的方法？

2. 月度返利有很多好处，主要是能够让经销商每月都关注公司的销售计划，方便公司有计划地安排生产进度，也能够增加经销商的销售压力。但也出现一些问题，如每月返利一次，财务一年要返利 12 次，返利工作量比较大。同时，经销商为了获得最高的月度返利，往往会出现“公母月”的情况。针对财务工作量大和“公母月”现象，你有什么高见？
3. 公司成立 20 多年来，经过不断努力，产品销量节节攀升，尤其在华中、华南地区，品牌知名度和销量在同类品牌中稳居第一。但这些畅销地区，最近销售出现了严重的问题，销量节节下滑，市场价格越来越低。为了提高销量，经销商甚至将没有兑现的年终返利提前打入价格中。针对这种情况，公司派出调查小组，调查发现，这些畅销区域窜货严重。窜货主要来自两个渠道：一是非畅销区域的经销商为了完成任务，将货窜到了畅销区域，导致许多零售商和二级批发商以比本地区经销商更低的价格从这些渠道拿货；二是网上的价格比实体店同款的价格低 20%，尤其是京东、天猫店，导致许多消费者在实体店看样后，选择网上购买。作为销售总监，如何稳定畅销区域经销商的情绪，确保畅销区域持续畅销？
4. 一开始根据销量对经销商给予返利，销量越大，返利越高。这种做法在一定程度上的确可以起到激励经销商的作用，但是当产品占领市场后，单纯依靠销量进行返利的弊端越来越明显。经销商为获得利益，窜货、低价手段不断，导致价格体系混乱甚至崩盘。针对这种情况，厂家有什么方法可以解决？
5. 返利应该在产品价格设计时就考虑进去。但大部分厂家在确定产品价格时，没有考虑到经销商的返利，导致销售总监无法制定有吸引力的返利政策。作为销售总监，你有什么方法可以提高返利比例？
6. 经销商都是独立的经济实体，他们在组织目标、战略、经营管理方法、经营理念等方面都有很大的差别。厂家往往不知道该采取什么方法才能调动经销商的积极性，在实现企业目标的同时也满足经销商各自的需求。面对这种情况，作为销售总监的你该怎么办？

第 5 章

销售竞赛激励

人生的每天都在胜负中度过，一切都以竞争形式出现。每天都在为在竞争中取胜，或者至少不败给对方而进行奋斗。因此若有一天懈怠，便要落后，要失败。人生就是这样严峻。

——日本女排原教练　大松博文

企业痛点

★ 经销商的积极性不高

★ 经销商的荣誉感不强

★ 经销商销售没有焦点

★ 经销商团队没有竞争意识

★ 经销商没有任何销售压力

本章重点

阅读本章后，你能够了解：

- 销售竞赛的 5 个好处
- 销售竞赛的 6 个步骤及关键点

销售竞赛的概况

销售竞赛的介绍

经销商销售竞赛，是指采取现金、实物或旅游奖励等形式来刺激经销商在一定时间内完成销售目标，加快产品到达消费者手中的速度，达到扩大出货量的目的。很多企业都会一年一度或按照季度举行经销商销售竞赛，激励经销商提高销售业绩。

销售竞赛的好处

（1）激发销售激情。竞赛中的胜利会给经销商极大的信心，进一步激发经销商的销售激情。

（2）感觉被重视。销售竞赛能够提供个性化奖励，从而显示出厂家对经销商个人的重视。

（3）增强归属感。在经销商所处的环境较为恶劣的情况下，销售竞赛能够帮助增强经销商对厂家的归属感。

（4）加强团队合作。为了在销售竞赛中获胜所进行的一系列活动，有利于增强经销商的团队合作意识，当发生窜货等事件时，可以促使经销商之间主动解决窜货所带来的影响。

（5）聚焦竞赛目标。经销商会将关注重点放在竞赛目标上，便于厂家达到总体的销售目标。

销售竞赛的步骤

下面我们结合案例，对每个步骤的实施内容及注意事项进行详细说明。在实际操作时，可结合本企业的现实情况进行调整和完善。

| 确定合适的销售竞赛目标

经销商销售竞赛的目的是为满足具体的、短期的目标提供激励。它应与当前的市场环境和厂家需求相协调。销售竞赛要求额外的、“超乎寻常”的努力，但时间不宜过长。厂家不应无限制地期望经销商继续这种努力。

在设计目标时，最重要的一点是禁止经销商以下行为：为了影响赛前和赛后的销售额，在销售期间集中兜售产品；比赛期间大量进货，导致存货过多；比赛期间往其他区域窜货；为增加销量，低价销售。

1. 销售竞赛目标类型与奖项说明

经销商销售竞赛目标类型与奖项说明如表 5-1 所示。

表 5-1　经销商销售竞赛目标类型与奖项说明

目标类型	奖项说明
增加销售额	• 奖励销售额（或百分比）比过去时期（同期或上期）增加的经销商 • 附带奖品的两份定额：如果经销商达到第一个定额，本人将获奖励；如果经销商达到第二个定额，其配偶将获奖励 • 表现最好的经销商将获得最昂贵的奖品，表现略逊一筹的，得到的奖品也就略差一些
增加淡季销售额	• 在淡季期间达到销售定额者获得奖励 • 两份奖品，第一份给经销商，第二份给配偶
促进滞销品的销售	• 奖励在销售滞销品方面得分最高的经销商
全品项销售	• 在一定时期内对于保持所有产品销售最均衡记录者给予奖励
销售新产品	• 在新产品销售中保持最高纪录者获得奖励 • 对购买新产品的顾客达到定额的经销商给予奖励
刺激获得更多的订单	• 奖励所有获得订单定额的经销商，给每份订单设置分值，达到最高分值者获奖
提高销售订单	• 达到要求的拜访和产品演示定额者获奖 • 完成拜访最多或做产品演示最多者获奖 • 达到另一定额者获附加奖
增加客户（分销网点）	• 达到新客户定额者获得奖励 • 增加客户最多者获得奖励 • 为每位新客户设定分值，分值最高者获得奖励
增进展示或拜访	• 对达到展示或拜访定额的经销商给予奖励
强化培训	• 培训结束后考核分数最高者获得奖励
鼓励经销商配合	• 对完全配合厂家的广告计划（政策）的经销商给予奖励

2. 销售竞赛成功关键点

（1）与厂家当前市场目标相结合。每个阶段，厂家的市场目标都有所不同：有时需要开展新产品的推广活动，有时需要消化厂家的库存滞销产品，有时需要完善销售网点的建设，有时需要增加经销商全品项销售的能力，等等。在设计经销商销售竞赛的目标时，一定要与厂家的市场目标紧密联系在一起。

（2）设定可以达到的目标。目标的设定一定要是经销商经过努力后能够达到的。否则，目标太高，经销商将会放弃；目标太低，将没有刺激性，达不到期望的效果。

（3）与厂家的宗旨相结合。在设定销售竞赛目标时，一定要注意与厂家的宗旨相符。比如，厂家需要建立一个相对稳定的销售网络，则在进行销售竞赛时，应要求经销商一定要遵守市场管理秩序，凡被发现窜货或低价抛售者，均取消获得奖励的资格。

（4）易于经销商理解与执行。销售竞赛目标要简单，易于经销商的理解和执行。不要将规则弄得过于复杂，以至于经销商感到他们需要获得进一步的解释。经常提示参赛者摆正位置，以满足成为赢家所需的条件。一旦竞赛结束，最好在庆功宴上宣布竞赛结果，立即颁发奖品，将结果公开化。赞赏比奖品更加重要。

（5）有针对性。针对不同类型的经销商而设定目标。省会城市和县级城市的市场基础就不一样，他们的目标也不能一样，要设不同的等级。如果只有一个等级，就不能令所有经销商都积极参与。目标高了，让小经销商望而却步；目标低了，大经销商完成得太轻松。因此，针对不同的经销商，销售目标要分出级别，省会、地级、县级都应该设计不同的目标。

（6）有挑战性。这个目标一定比目标经销商的历史销量高。如果没有历史数据，可以参考经销商其他产品或其他品牌上一年的实际达成情况而进行设定。

（7）有可行性。销售目标虽然高，但努力一下也能够得着，否则经销商看不到希望就会提前失望，失去了销售竞赛的动力。

【案例 5.1】浙江益农化学有限公司的销售竞赛

浙江益农化学有限公司准备对一款农药产品进行促销，通过《益农商情》和《益农之友》等内部报纸发布消息：当年将评选 A 产品十大经销商。具体办法是：在每箱产品（一箱 200 小包）中放置一张二维码。经销商扫描二维码，填写信息。每个经销商都有一个独一无二的 ID，根据经销商 ID 显示的扫描次数，评选出十大经销商，奖励出国旅游。扫描截止时间为 2017 年 9 月 30 日。这种销售竞赛活动，能刺激销售实力较强的经销商多进货、多销货。

大多数销售能力较弱的经销商不可能争当十大经销商。如何刺激他们进货、销货的积极性呢？益农公司对所有在 9 月 30 日之前发送扫描信息的经销商，于 10 月 31 日进行抽奖。设一等奖 5 名，每名奖励 29 英寸长虹彩电一台；二等奖 20 名，每名奖励 25 英寸长虹彩电一台；三等奖 20 名，每名奖励山地自行车一辆；纪念奖 1 000 名，每名奖励精美礼品。中奖者将用专函进行通知，并在大会上进行表扬。

【案例 5.2】德夫曼衣柜的销售竞赛

德夫曼衣柜是首批定制家居行业的名企之一。为了鞭策企业和经销商双方共同发展进步，德夫曼衣柜于 7 月举办了经销商业绩 PK 大赛。

在一个月的时间里，各地参赛经销商心里只有一个目标，就是业绩。为了达到目标，经销商使出浑身解数，义无反顾为目标奋斗。一个月过去了，终于迎来了业绩巅峰对决的榜单揭晓。出现在榜单中的经销商付出了汗水，也得到了收获。获胜经销商名单以大红背景张贴在公司网站和各醒目位置，给获胜者以激励和信心。

设定丰富的优胜者奖励

尽管奖励有无数种，但是大体上可以分为 5 类：奖品、现金、赠券、商品和旅游。不管选择什么样的奖励，要记住以下 3 点：一是改变奖励内容。每个人都不可能一直被同一件事情所激励。旅游、商品、奖品和现金等在不同的时间对不同的人会发挥不同的效用。二是选择让获胜者感觉自己像赢家的奖励。三是别具一格的奖励通常具有强有力的激励效果。

【案例 5.3】武汉某涂料企业设置的奖励

武汉某涂料企业在设置销售竞赛奖励时，除“销售冠、亚、季军奖”外，还有“区域最佳销售奖”“最佳进步奖”“单品销售冠军奖”等，让拿不到大奖的经销商还有其他机会赢得奖励。除大奖外，其他奖项奖励人数规模达到了200余人，涵盖40%的经销商。销售竞赛活动激励得到了经销商的积极响应。

1. 奖励类型

（1）奖品。竞赛并不一定需要昂贵的奖品，它们可以是小型、即兴的事情。比如，相对廉价的勋章经过雕刻成为代表最高荣誉的奖品，也能够激励参赛者付出巨大的努力，尤其在经销商因额外销售而赚得额外奖金的情况下尤为有效。

（2）现金。尽管人们普遍认为现金并不是竞赛获胜的最好奖励，但是也有近53%的厂家在竞赛中采用现金激励。对于收入不多的经销商，现金尤其受欢迎。采用现金既具有明显的优点，也具有一定的缺点。

优点：假设厂家在竞赛开始之前只有很短的准备时间，现金则是最简单的激励方式。有些人偏好现金，因为他们可以用现金换取所需要的一切东西；如果现金分期支付，并且附带一封祝贺信直接送到经销商的家中，则这种方式更为有效。

缺点：现金不具有持久价值；给人很小的想象空间，没有任何炫耀价值。

（3）赠券。赠券的优点在于它们能够由获胜者自由选择。其缺点在于它很难起到激励作用，虽然它还是可以使用的。

（4）商品。电视机、手表、小汽车、皮包、皮衣等都至少有一个共同点：它们可以引人注目，并能被浪漫化。即便参赛者有能力购买这种物品，但是每个人都乐意额外获得它们。另外，奖状、锦旗、卡片等也可以经常使用。

同现金和旅游相比，商品奖励具有独特的魅力。每次获胜者看着该物品，就会回忆起当初赢得该物品的情形，会有一种成就感。每次，当其他朋友羡慕该物品时，经销商就能讲述当时获奖的故事，自豪之情油然而生。

（5）旅游。在美国，根据《激励》杂志调查，29%的厂家将旅游作为一种竞赛激励奖。许多厂家发现，激励性旅游这种无形报酬具有特别的激励效用，到异国旅游更是经销商的一种梦想。从某种意义上说，这是从枯燥的工作中得以摆脱的最佳方式。旅游包括海外游、国内游、省内游、市内游。厂商可根据经济实力和竞赛所获得的价值高低来确定旅游形式。

【案例5.4】全球顶级经销商奖励计划

时间范围：合同期全年1—12月

奖励计划的目的：

- 为使经销商有机会感觉到他们是这家全球性公司中最优秀的一员。
- 调动经销商积极性，鼓励他们达到全年销售目标。

选拔条件：

- 所有签订《经销商产品经销合同》的经销商，并且合同期限在10个月以上。
- 享受这一待遇时仍然是与公司签约的经销商。

奖励计划的标准：

- 完成全年销售计划的前3名经销商将被评为全球顶级经销商。

奖励计划的内容：

- 优胜者将被邀请参加位于美国的公司总部的全球顶级经销商颁奖大会，并可携带一名成年客人参加优胜者旅行团游览旧金山。

2. 奖励的关键点

设置的奖励要对优胜者有激励作用，就需要注意以下事项。

（1）依据成就获奖。

（2）确保奖励是高质量的、无法取代的。

（3）具有激励作用的奖励能够让获奖者十分兴奋。奖品应该是经销商一直梦想得到但又几乎没有能力或机会得到的东西。

（4）让经销商的家庭成员也对该奖励产生兴趣。当家庭成员支持参赛人员时，其求胜心理就会大大增强。

制定严格的竞赛规则

为了保持兴趣和激情，必须让每位经销商相信“没有暗箱操作”，每个人都有公平、公开的机会获取奖励。

经销商销售竞赛的重要目的是借经销商的力量尽可能覆盖零售网点，快速拓展市场。如果仅仅对销售目标进行考核，就有可能出现经销商的销售目标达成了，获得了奖励，但厂家除了销售指标外，“最大化覆盖零售网点，快速拓展市场”的目的并不一定能够达到。

【案例 5.5】适得其反的销售竞赛

某地级经销商到最后一个季度时，还要出 200 万元的货才能达成销售目标。该经销商在最后一季时“集中出货”200 万元，放到下年度慢慢消化或伺机冲到其他市场去，而前三季度只销售了 320 万元的产品，新品的分销覆盖率和市场推广工作做得都非常浅。这样一来，不但销售竞赛的目的没达到，反而还要赔上一辆汽车，对新品的成长也不利。

因此，在制订经销商销售竞赛方案时，务必附加一定的竞赛规则，如将竞赛目标分解为每季度最低提货量，设定最低分销率或铺货店数，出现窜货则取消评奖资格等，使经销商只有扎扎实实地做好本地市场才能获得奖励。使经销商“动力”与“压力”并存，杜绝投机取巧的念头。

1. 经销商销售规则明细

（1）竞赛的起止日期。一般而言，销售竞赛的起止日期在 1 个月到 1 年。竞赛时间越长，相应的奖赏应该越大。

（2）参赛对象、资格或条件。如果经销商参赛，也可以分为年销售计划 500 万元以上的经销商和年销售计划 500 万元以下的经销商，由于经销商的规模和实力不一样，可以将经销商分类开展竞赛活动。另外，也可以对经销商的销售人员、导购进行销售竞赛活动。

（3）奖励标准。是排名考核指标的前几名获奖，还是完成一定的固定业绩后就获奖?

（4）如何汇报和证实销售业绩。业绩的真实性如何确认？由谁来及时公布业绩？通过什么渠道公布业绩?

（5）如何、何时颁发奖品。如果包括旅游的话，何时进行旅游?

2. 设定规则的关键点

（1）目标是具体的、切实可行的吗?

（2）规则给予所有参赛者的机会是均等的吗?

（3）规则是可以理解的、非主观的吗?

（4）所有规则详细列举出来了吗?

确定竞赛主题

1. 竞赛主题的要求

竞赛主题就是此次竞赛的标题。确定竞赛的主题非常重要，因为竞赛的主题决定竞赛的气氛。具有良好气氛的竞赛主题应该符合以下条件。

（1）激发向往之情。

（2）激发想象力。

（3）具有挑战性。

（4）富有戏剧性，能吸引注意力。

（5）轻松活泼。

（6）意味着能带来豪华享受。

（7）与销售目标相关。

2. 竞赛主题的案例

（1）罗马假日、夏威夷旅游。体现轻松活泼、激发想象力、向往之情的氛围。

（2）挑战 100 天。意味着具有挑战性，激发经销商的挑战欲望，在群体的挑战中获胜更有刺激性。

（3）红色宝马汽车。意味着能带来豪华享受，让人充满期待和想象。

（4）合家欢乐。意味着轻松活泼、富有戏剧性、能吸引注意力。

制定竞赛费用预算

1. 制定预算注意事项

在为经销商销售竞赛制定费用预算的过程中，厂家应明确以下问题。

（1）通过经销商竞赛想实现什么目标？假定销售额为 1 亿元，可能销售额增加 5%的目标是确实可行的，则增加的销售额为 500 万元。

（2）从额外销量中应该产生多少正常利润？如 16%，则产生的正常利润为 80 万元。

（3）利润的百分之几投资于竞赛？如 25%，则用于竞赛的投资为 20 万元。

（4）开展竞赛将会有哪些费用？费用项目包括奖励、竞赛过程管理费用、偕同配偶旅游费用，如这些费用合计为 8 万元。

（5）为了获得奖励，是否应该达到指定的定额？如果是，实际上有多少经销商达到定额？如有 40 位经销商达到指定的定额。

（6）每位胜利者可以得到多少预期奖金？如每位获胜者除了可以偕同配偶旅游外，还可获得 3 000 元奖金。

2. 制定预算的案例

图 5-1 是一个制定费用预算的简例。

旅游费用大致比例	
交通	38%
住宿	27%
餐饮	18%
会务	6%
宣传	8%
其他	3%

图 5-1 预算简例

召开经销商动员和总结会议

1. 销售竞赛动员大会

经销商销售竞赛的准备工作做好之后，就可以召开动员大会，宣布竞赛正式开始。然后就是促销、激励，以及经销商目标达成情况的信息发布。最好邀请经销商家属参加。

（1）将有关宣传资料送到经销商家中。

（2）将经销商家属作为阅读对象。

（3）介绍经销商家属可以如何帮助其达到目标。

（4）自始至终让经销商家属了解业绩的进展情况。

（5）可以安排个别经销商的家属作为代表参加大会。

2. 颁奖大会

销售竞赛结束后，应尽快举行颁奖大会和庆功宴，宣布竞赛结束，颁发奖品。如有旅行，还应安排送行。

颁奖大会注意事项：镁光灯、鲜花、表演、晚宴、会场布置、抽奖。

销售竞赛的关键点

销售竞赛是激励经销商最好的一种方式，但现在很多企业流于形式。销售竞赛的目的是鼓励经销商在未来的销售过程中全力以赴，而不是在没有预告的情况下，对已经产生业绩的经销商进行奖励。比如，某陶瓷企业为了提振经销商的信心，突然决定对现在做得好的经销商进行奖励，花了 200 多万元买车赠送给经销商，让经销商惊喜连连。但是，这种奖励对经销商未来的销售产生不了任何影响，企业白白花了 200 万元。半年后，这家企业停了 2 条生产线，销售持续下滑。销售竞赛是否成功，与厂家高层领导的重视度有关。如果高层不重视，销售总监再努力也没有意义。销售竞赛是否成功，与设计的奖品有关。如果奖品能够吸引经销商，经销商的参与度就高。销售竞赛是否成功，与企业持续跟进与宣传有关。比如，让经销商随时了解每月销售排行榜和销售进度表，给经销商持续的压力。

其他竞赛

经销商是企业渠道最不可或缺的成员，竞赛绝不能仅仅局限于销售方面。销售竞赛如果合理策划、实施顺利，会在一定时期内起到增加销量的作用。但是企业谋求的是长远的发展，那么对经销商的关注也应该是方方面面的，包括但不局限于经营管理能力、服务技能、销售技能等。除了销售竞赛，厂家还可以组织经销商举办如下竞赛。

销售技能大赛

有人说，为什么不直接搞销售竞赛，而要举办销售技能大赛呢？销售竞赛结果从某种程度上是经销商综合实力的反映，而销售技能大赛更加具体到实际销售中经销商应该具备的销售能力和技巧。

很多经销商是自己公司的一把手，手下十几个或几十个人的团队很多时候仅靠经销商培训和指导销售。因此，经销商销售技能直接影响其团队的整体销售能力。销售技能大赛集培训、考核于一体，在激励经销商的同时，还能促进销售技巧的交流与学习。

【案例 5.6】经销商齐聚一堂角逐奇瑞汽车销售技能竞赛

近日，“技艺超群，满意一百”——奇瑞汽车第九届销售技能竞赛西部赛区复赛在成都拉开帷幕。来自西南、西北、西南、华南、华北 5 个大区的经销商总经理历经层层筛选，击败各路选手齐聚于此。他们在 3 天的比赛中历经层层考验，角逐多个奖项，其中优胜者将与东部赛区的优胜者一同晋级全国总决赛。

作为一项激发奇瑞经销商热情，强化专业技能及服务质量的重要赛事，奇瑞销售技能竞赛已连续举办多年。奇瑞汽车销售技能竞赛经过前几届历练与成长，日趋成熟，已然成为全国经销商伙伴一年一度的交流盛会。在这里，大家以赛代练、以比代学、相互交流、彼此切磋、取长补短，快速形成终端营销比、学、赶、帮、超的良好氛围。与历届竞赛不同的是，本届销售技能竞赛的参赛对象是经销商总经理，这也是奇瑞汽车首次由总经理直接参与的技能竞赛。[①]

丨 产品技能大赛

经销商及其团队对厂家产品的熟悉程度是评估经销商竞争力的标准之一。对产品知识了解透彻、操作熟练，有利于向终端消费者更加详细地介绍产品，为消费者决策提供参考依据。

【案例 5.7】经销商 9C 产品维修技能竞赛预赛成功举办

近日，经销商 9C 产品维修技能竞赛预赛在全国 6 个大区正式打响，来自全国 26 家经销商的 75 名售后服务工程师参赛。经过激烈角逐，综合成绩前 18 强产生，将齐聚山东烟台共同参加全国总决赛。

本次大赛不仅是对经销商售后服务工程师 9C 新机型维修技术水平进行的考核，同时也是对斗山 9C 机型售后能力和水平的检验。竞赛将进一步促进经销商售后服务工程师 9C 新机型理论知识和维修技能水平的提高与学习。

竞赛采取理论知识考试和技能实际操作相结合的形式。为确保竞赛的公平性，大赛组委会制定了严格的比赛流程和规则，统一、同时、同步。同一时间，山东永弘承办的中央 TFT 赛区、广西松宇在河南承办的 TFT 赛区、陕西金骏斗山承办

① 资料来源：刘逢源，《成都商报》电子版。

的西部赛区、南京科泰承办的东部赛区、吉林斗山承办的北部赛区、四川千里马承办的武汉部赛区分别在山东烟台、广西南宁、陕西西安、江苏南京、吉林长春、四川成都等地同步开赛。

服务技能大赛

服务技能大赛适用于产品售前、售中和售后服务要求比较高的行业，如汽车行业，消费者对售后服务十分看重。海尔公司就是以其近乎无可挑剔的售后服务得到了广大消费者的信赖和认可。

企业的产品销售出去，很多售后服务需要区域内经销商完成。经销商服务技能大赛，一方面可以激发经销商对售后服务的重视，另一方面也可以提高经销商服务技能和服务意识，是一种十分有效的提高经销商服务水平的激励方式。

【案例 5.8】长安福特经销商服务竞赛收官

经过几个月的激烈角逐，长安福特经销商全方位服务竞赛总决赛在江苏常州长安福特欧派罗 4S 店举行。

进入今年总决赛的团队与 2014 年全国总冠军重庆安福展开冠军争霸赛，最终南京福联经销商力压群雄，赢得团体总冠军。

据介绍，此次比赛历时 2 个多月，来自长安福特全国 602 家经销商的近万名服务选手进行了初赛和分站赛的层层比赛，最终 12 支经销商团队入围总决赛。

2015 年，长安福特经销商全方位服务竞赛总决赛设置了全新的赛制，聚焦了一些关键服务岗位，旨在以赛代训，打造优秀服务人员，为消费者提供更优质的服务。比赛中，组委会对考核方式也进行了大胆创新。

为了鼓励新经销商参与服务竞赛，让他们更好地了解并融入“Ford Service”体系，今年在决赛中特别设置了新秀赛。对于所有在 2014 年 1 月 1 日后通过长安福特永久设施认证的新经销商，长安福特在综合考量其初赛笔试成绩和日常运营业绩表现后，最终选定了 6 家参加比赛，南通涌鑫之福经销商赢得新秀赛冠军。[①]

经销商竞赛与新媒体

互联网的进步带动了新媒体的迅速发展，经销商也越来越多地接触到新媒体的渠道。以微信为代表的社交媒体更成为经销商谈生意、巩固人脉的重要工具。

我们将通过一个案例来了解新媒体与经销商竞赛的结合与应用。

【案例 5.9】广东乐铃电器经销商微信内容制作竞赛活动

1. 竞赛规则

竞赛的基本规则是以活动微信传播的方式推广促销活动，设置了对抗性很强的比赛规则，参照世界杯赛制，将参加活动的区域分为 4 个大队，每个大队再分为4个小队，一共16个小队。对微信内容传播制作采取了大队内部循环赛的方式，先在每个大队中选取2个小队代表本大队参加淘汰赛，最后前8强进入淘汰预赛。

2. 活动激励机制

针对此次活动，竞赛设置了 6 级奖励。

入围奖：所有入围的经销商奖励“奋斗”T 恤 100 件，海报 300 张。

8 强奖励：进入 8 强的经销商，每个经销商奖励拱门一组，刀具赠品 10 套。

4 强奖励：进入 4 强的经销商，每个经销商奖励展柜 5 组，刀具赠品 20 套。

季军奖励：每个经销商奖励“奋斗”系列烟机一台。

亚军奖励：奖励“奋斗”系列烟灶两件套。

冠军奖励：奖励“奋斗”系列烟灶三件套。

进入淘汰赛后，所有的胜者同盟军每场均有礼品赠送。

本次活动极大调动了经销商的参与热情。因为企业的经销商多是“80 后”，年轻的经销商更需要奋斗。这种比赛激起了经销商的战斗欲，并给予丰厚的奖励，

---

① 资料来源：http://news.xinhuanet.com/local/2015-10/28/c_128365136. htm。

具有较大的激励效果。

总结案例

广州沙巴哇食品有限公司经销商年度奖励计划

1. 沙巴哇经销商小车奖励计划

为了提高经销商的积极性，凡与沙巴哇签订合同的线下经销商，都可以参加年度小车奖励计划，年累计销售额排名前3位的经销商将获得奖励。销售额每月累计一次，每月公布《沙巴哇经销商月累计销售额排行榜》，如下表所示。

沙巴哇经销商月累计销售额排行榜

经销商	月累计销售额	名　次
陈伟	89 000	1
张斌	88 000	2
李勇	78 930	3

小车奖励方案如下。

第1名：奖励价值30万元的凯迪拉克ATS-L25T时尚型车一辆。

第2名：奖励价值20万元的大众途观1.8TSI 自动两驱风尚版车一辆。

第3名：奖励价值12万元的雪佛兰科鲁兹1.5L手自一体经典版车一辆。

小车奖励限制条件如下。

（1）没有由市场督察出具的书面的违规处罚记录，即没有对经销商的违规行为进行书面处罚。

（2）奖励时仍然是沙巴哇的合作经销商，即与沙巴哇签订2016年的合同。

（3）必须要与沙巴哇签订《2015年产品经销合同》。

（4）必须是线下经销商（特价经销商除外）。

2. 沙巴哇经销商旅游奖励计划

奖励目的如下。

（1）为使经销商有机会感觉到他们属于沙巴哇公司中最优秀的群体。

（2）调动经销商积极性，鼓励他们提高销量。

奖励对象如下。

（1）所有与沙巴哇签订《产品经销合同》的经销商，且合同期限在 8 个月以上。

（2）享受这一待遇时仍然是与公司签约的经销商，即第二年度又与公司续签了新的合同。

奖励内容如下。

（1）销售额前 6 名的经销商将被评为沙巴哇顶级经销商。

（2）且在年度没有被公司市场督察出具的窜货和低价处理记录。

奖励方案如下。

（1）获胜者将被邀请参加巴厘岛旅游。

（2）前 3 名可额外携带一名成年客人一同前往。

思　考

1. 笔者受四川某厂家邀请参加该厂家举办的经销商年会，并对经销商进行了一天的培训。接待我的厂家总经理告诉我，为了提高来年经销商的销售积极性，这次经销商年会厂家花了 300 多万元，给经销商奖励了近百辆小汽车、面包车。我问总经理，厂家是不是在上年开展了经销商的销售竞赛活动，这是给优胜者的奖励？总经理回答说，没有啊，奖不奖励、奖励什么都是临时决定的，经销商都不知道。现场获得奖励的经销商也感到很突然，感觉好像天上掉馅饼，喜不自胜。

   请问，这种突如其来的奖励对提高经销商销量有作用吗？请从经销商销售竞赛的 5 个好处角度来分析。
2. 请参考销售竞赛的 6 个步骤和本章的案例，策划一次激动人心又有激励效果的经销商销售竞赛。
3. 大多数厂家认为，经销商小富即安，原来创业时的销售激情不再，主要因为厂家没有生产出高利润的好产品，一旦厂家生产出高利润的畅销产品，经销商就会自动自发带着激情去销售。这种观点对吗？

4. 厂家从来不关注经销商的销售激情，也从未开展经销商的销售竞赛活动，日复一日、年复一年，厂商关系就是简单的买卖关系。请问，这种简单的买卖关系的危害性在哪里？

5. “销售竞赛？那简单！不就是在经销商的年度大会上给优胜者发一个奖牌吗？走一下过场不就结了吗？大张旗鼓、这么麻烦干什么？”这种观点对吗？为什么？

6 “竞赛优胜者还奖励组织到夏威夷旅游？没有这个必要吧，给他们一点钱，让他们自己去旅游不是一样吗？”请问，厂家把旅游的钱给了经销商，让经销商自己去旅游，这种做法对吗？

7 “既然要奖励，那就要大奖特奖，直接奖励法拉利汽车得了。让经销商天天开着法拉利汽车上班，多威风！”请问，这种奖励方法有什么优缺点？

第 6 章

限量供货激励

由制造商指定渠道成员在一个阶段内进行销售的数量称为销售配额。这是一种促销的策略，制造商相信设置配额能激励渠道成员投入更多的努力。

——分销系统管理专家　伯特・罗森布罗姆博士

企业痛点

★ 被大户经销商牵着鼻子走

★“大鱼吃小鱼”

★ 促销后，市场价格一再降低

★ 无论采取什么措施，有促销就发生窜货

★ 销售人员在经销商心中的地位越来越低

★ 只要竞争对手促销，我们的销量就降低

本章重点

阅读本章后，你能够了解：

- 短缺原理
- 限量供货的内涵
- 不限量供货的危害
- 限量供货的方法

短缺原理

短缺原理的定义

短缺原理指出，害怕失去某种东西，比希望得到同等价值的东西，对人们的激励作用更大。害怕失去某种东西的想法在人们的决策过程中起着重要作用。

短缺原理的分析

几乎所有人都会在某种程度上受到短缺原理的影响。收藏家最知道在决定一样东西的价值时短缺原理所起的作用，哪怕有瑕疵的东西，只要稀缺，就有价值。

比如，印刷模糊的邮票或两次冲制的硬币反而比没有瑕疵的东西更昂贵。

有趣的是，与希望获得一样东西的渴望相比，害怕失去同样价值的东西的恐惧似乎更能成为人们行动的动力。对短缺原理最直接的应用也就是“数量有限”策略，如限量供货（供应），也就是告诉顾客某种产品供应短缺，不能保证一直有货。

数量有限的信息有时候是真的，有时候则完全是伪造的。然而不管是哪种情况，人们的用意都是一样的，那就是使顾客相信某种东西不可多得，从而立刻觉得它身价百倍。

从业者对短缺原理这一武器的利用是经常的、广泛的、系统的、多种多样的。

短缺原理的力量来源

（1）利用了我们想走捷径的弱点。我们经常根据获得某种东西的难易程度来帮助我们快速、准确地判断其质量的好坏，短缺原理正符合了这一点。

（2）当一种机会变得越来越难得时，我们也就失去了一部分自由。而失去已经获得的自由是让我们深恶痛绝的事情。心理学家指出，人们都有一种维护既得利益的强烈愿望。

产品稀缺信息对消费者购买行为的影响

商品理论利用消费者对非公开的信息赋予较高的价值这一原理来解释产品稀缺信息的效果，即消费者一旦意识到某种商品的购买是有难度的，就会赋予该商品较高的购买价值，获得该商品的动机会随之被强化。

经销商也是普通消费个体，适当地对畅销产品进行限量供货，经销商也会对产品赋予较高的价值。当他们意识到产品有限时，就会把有限的产品当成盈利的工具，积极对产品进行推广和销售。

预防感知欺骗性

感知欺骗性是指消费者相信厂家或经销商有意操控信息内容或形式，从而引诱消费者做出认知或行为改变的主观认知和心理判断。感知欺骗性，不一定是厂家或经销商有意设计或操控，也不一定所有的消费者都会感知到，因此欺骗性本身并不一定真实存在，而是消费者对具体消费环境和特定广告诉求欺骗性的主观感知。

厂家在制定限量供货政策时，也要考虑经销商是否会因此产生感知欺骗性，进而不配合厂家的限量供货政策。

限量供货的内涵

限量供货，也称销售配额。一般情况下，厂家根据预测来确定经销商的销售配额。厂家确定的销售配额一般是经销商所能完成的最大销售额。销售配额的目的在于让经销商合理进货、合理销售。

不限量供货的危害

畅销产品不限量供货的危害

畅销产品的市场拉动力强，销售范围广，如不对经销商进行限量供货，便会很容易造成以下危害。

（1）窜货。经销商在满足自己区域市场需求的前提下，如果还可以供应其他区域的产品需求，则窜货便时有发生，屡禁不止。

（2）“大鱼吃小鱼。”资金量大的经销商往往销售网络广，同时经销的产品品种多，不同的厂家给予其销售区域的大小不一样。如果厂家管理不严，则经销商会尽量在最大范围内销售所经销的所有产品。在小经销商和大经销商的竞争过程中，小经销商往往处于弱势，导致小经销商的销售积极性越来越差，销售区域得不到保护，最终小经销商消失，不再从厂家进货，造成大鱼吃小鱼的现象。

（3）市场价格混乱。由于窜货的产生，同一区域不同的经销商可以供货，批发商便可以利用这一有利条件，向双方经销商压价，导致市场价格不断走低。

【案例 6.1】二级批发商“左右逢源”

A 经销商某天接到下面二级批发商的电话，告之他准备进一些他所经营的产品。A 经销商按市场价报价给这个二级批发商，该二级批发商马上告诉他，另外区域的 B 经销商的报价比你低 2%，要么你也给我这个报价，要么我就去 B 经销商处进货。结果 A 经销商为了做成这笔生意，无可奈何地按低于 2%的价格给了二级批发商。二级批发商第二天拿着 A 经销商的报价单去跟 B 经销商说，A 经销商的报价比正常价低 2%，假如你的报价比他低 1%的话，我可以转跟你进货。结果市场价在这个二级批发商的“左右逢源”下跌至新低。

促销产品不限量供货的危害

促销产品，尤其是对畅销产品进行促销，如果不限量供货，则会产生更大的危害，导致促销产品在很长的一段时间内市场价格难以恢复，经销商积极性受到严重打击，销售利润严重受损。

【案例 6.2】“30 送 1”促销导致价格体系崩溃

5 月，某牙膏企业对其畅销产品 105 克冰洁牙膏推出了“30 送 1”的促销计划，即经销商每买 30 箱 105 克冰洁牙膏，额外赠送 1 箱同种 105 克冰洁牙膏。对经销商不限额控制。由于牙膏经销商的返利本身并不高，一般在 4%左右，30 送 1 的让利幅度达到了 3.33%，促销力度大，很多经销商都积极进货。结果，在接下来的 6—7 月，企业发现，原来市场价格非常稳定的该产品的价格一下子跌到谷底。由于在 6—7 月，企业没有对该产品进行促销，经销商的进货价远高于市场批发价，导致经销商不敢进货，使企业的销售受到了一定冲击。

通过对 5 月经销商进货数量的分析，企业发现某经销商在一般情况下，在自己区域内，每月保持 30 万元左右的销售额。但促销的这个月，该经销商进货额度为 80 万元，其中 60 万元是购进的促销产品。进一步调查发现，由于该经销商的销售区域有限，不能很快消化这些促销产品，便铤而走险，在接下来的6—7月，继续以促销价格向其他区域供货。由于其他区域的经销商的促销产品早已在当月销售完毕，没有促销产品的库存，所以，当属于自己区域的批发商要求继续以促销价格供货时，便不能满足批发商的要求。于是，那个促销产品多的经销商便有机可乘，大量窜货。

限量供货的方法

确定限量供货的范围

畅销产品的销量在某段时间内是相对稳定的。限量供货主要是对畅销产品进行限制，无论畅销产品是以正常价格销售，还是进行促销，其在市场上实现最终消费的总量在某段时间内是不会有大变化的。如果对渠道的某个环节进行促销，即使对企业来说销量有增长，但也只是在渠道的某个环节增加了社会库存而已。因此，为了更好地控制窜货，有必要对畅销产品进行限量供应，以满足经销商自己的区域市场需求为主。所以，限量供货的范围主要针对企业的畅销产品。

对于非畅销产品，可以敞开供应。通过提高非畅销产品的返利力度，或者经常对非畅销产品进行促销，提高经销商销售非畅销产品的积极性。一段时间后，某些非畅销产品也可能成为畅销产品，企业就要开始防止窜货行为的发生了。

【案例6.3】

某日化企业生产的美容膏有20多年的历史，拥有一大批忠实的消费者。对企业来说，该产品属于畅销产品。由于没有对经销商实行供货限制，导致窜货严重，市场价格不断走低，经销商无利可图，积极性受到严重打击，销量不断下滑。

为了改变这种局面，该企业对畅销产品——美容膏实现了限量供货，并且将防窜货码喷在每个外包装上，制定了严格的窜货处罚条例，使经销商对该畅销产品不敢随意窜货。通过对畅销品限量供货，经销商反响非常好。

制订合理的销售计划

制订合理的销售计划，既可以对经销商保持一定的销售压力，又不至于使经销商必须通过窜货来完成销售计划。在制订销售计划时，可以考虑以下因素。

（1）区域人口。对于以前在该区域没有消费者的新市场，或者对于以前有消费者，但没有经销商的新开发区域，由于没有同期销量的比较，所以，最合理的方法是按区域人口数量进行分配。如果还需要进行调整，则可以在以区域人口数量分配的基础上，根据区域消费水平的高低、品牌知名度的大小进行微调，使销售计划更加合理。

（2）同期销量。如果区域没有发生变化，则可以参考该区域往年同期的销售量，按企业所提供的一定百分比分配销售计划。

（3）其他。除了以上两种重要因素外，还应考虑竞争对手情况、产品销售趋势、企业内部产品规划等。

确定畅销产品占销售计划的百分比

每个企业畅销产品的数量不一样，每种畅销产品所占的比重也就不一样。在制订销售计划时，应对企业每种产品的销量进行统计，计算出每种畅销产品占总销售的百分比。

比如，某企业总销售额为 8 000 万元，其中，A、B 产品为畅销产品，A 产品销售额为 3 200 万元，占总销售额的 40%；B 产品销售额为 2 000 万元，占总销售的 25%。在制订来年销售计划时，畅销产品的销售额应参考当年的销售比重，如该企业下一年的销售计划为 1 亿元，则 A 产品的销售计划应为 4 000 万元，B 产品的销售计划应为 2 500 万元。

通过这样的方法，可以更好地区分畅销产品，以便更好地预防窜货。

将畅销产品分解到每个月

每个企业的畅销产品在每个月的销售额是不一样的，在分解销售计划时，应对企业以前每种产品在每个月的销量进行统计，计算出每种畅销产品在每个月所占的百分比，将销售计划分解到每个月当中去，并且，对经销商所分配的销售计划额度只在规定期限内有效，过期作废，以实现经销商在自己区域内的均衡销售，防止经销商在某个月大量进货，人为提供窜货的货源。

举个例子，某企业根据 A、B 畅销产品在每个月的分配比率，将来年 A、B 畅销产品销售计划分解到每个月。如 A 产品的销售计划为 4 000 万元，B 产品的销售计划为 2 500 万元，则 A、B 在每个月的销售按照历年月度销量占比进行分解。

调整畅销产品定额

为了防止畅销产品引发的窜货，在确定每个区域畅销产品销售计划时，不一定非常准确，有的区域可能多了一些。有的区域可能少了一些。所以，必须根据实际情况对畅销产品进行调整。

1. 减少畅销产品定额的步骤

根据某经销商连续 3 个月的销售情况，发现没有将畅销产品的定额拿完，说明分配额度过剩。此时，应与管理该经销商的区域经理及经销商进行沟通，了解问题所在。如果是经销商的原因，应考虑更换经销商；如果是市场实际容量的原因，则应减少其销售计划，同时，减少畅销产品的销售定额。

2. 增加畅销产品定额的步骤

如果经销商连续 3 个月都将所分配的畅销产品购完，并要求增加畅销产品定额，则应由区域经理会同当地销售经理，与经销商一起考察当地市场情况，了解产品在当地的铺货情况、陈列情况，核算出实际需要的畅销产品定额，并根据一定的比例调整其销售计划。

畅销产品促销时需限时供货

由于畅销产品的价格非常敏感，在对畅销产品进行促销时，需要十分谨慎，避免出现有的区域还在销售价格较低的促销产品，有的区域已经没有促销产品供应了，人为导致畅销产品在市场上有两种不同的价格，而为窜货铺好了路。

为确保畅销产品市场价格的稳定，在对畅销产品进行促销时，除了限量供货外，还可以采用限时供货的方法避免窜货。

促销计划的有效时间设定过长，往往使促销价格变成了市场的正常价格，一方面不利于价格体系的稳定，另一方面经销商可以利用窜货而收回的款项，再次采购促销价格的产品，以谋取更大的利益。

总结案例

某厂家的限量供货政策

1．限量供货说明

针对每位经销商区域的大小，在参照历史销量的情况下，对经销商每个季度的销量进行限制。

2．限量比例

（1）限量区间。年度销量等于上年的年度销量乘以限量比例。通常情况下，限量区间为 115%~125%，即最低限量为 115%，最高为 125%。

（2）每个季度占全年的销量不得超过全年任务的____，不得低于全年任务的_____（横线处填写百分比）。举例如下表所示。

经销商限量供货表

经销商名单	第一季度	第二季度	第三季度	第四季度	全年合计
经销商 1	22%	23%	27%	28%	100%
经销商 2					
经销商 3					
……					

3．调整流程

（1）增减定额流程。根据某经销商上季度的销售情况，发现没有将产品定额拿完，说明分配额度过剩。此时，区域经理应与该经销商进行沟通，了解问题所在，并根据情况做出相应的调整。

（2）调整定额的权限。所有销售定额的调整，须由负责管辖该经销商的销售人员提出申请，省区经理复核后，由大区经理调整额度，调整比例为____（如±10%）；超过10%，则由总经理批准。

（3）沟通结果。对于未开发的新区域，在签订合同的时候，需要增加销售任务，则经销商与销售人员共同沟通年销售任务，并按照增减流程申请。

4．信息共享

（1）一旦定额确定，要及时将信息传递到相关部门，如市场部、生产部、顾客服务部等，由顾客服务部进行监督。

（2）临时调整的定额信息，也要由大区经理及时反馈到相关部门，尤其是跟进监督的部门。

思　考

1. 限量供货也叫配额供货。手机品牌OPPO和VIVO对经销商一直采用配额供货方式，没有把进货选择权给经销商，每月进什么产品、进货多少，都由厂家说了算，厂家为此获得了快速的发展。问题是，既然限量供货好处多多，为什么许多厂家都不愿意采用？
2. 我们了解了不限量供货的危害，那么，限量供货究竟有哪些好处？请从生产和销售两方面分析。
3. 限量供货做得好，确实有很多好处。限量供货成功的关键是“量”的确定。究竟确定多少量对经销商才最具有激励作用？
4. 限量的对象是谁？限哪些产品？是所有产品都限量，还是只是部分限量？作为销售总监，你准备怎么做？
5. 参照本章的限量供货流程，结合你企业的实际情况，制订一套你企业准备实施的完整的限量供货方案。

第 7 章

促销激励

由于销售渠道各环节是独立的经济体，产品一到各环节转销商的手中，制造商对产品如何销售的控制程度就下降了。因此，制造商整体促销战略的效果取决于在产品促销过程中，制造商确保独立销售渠道环节协调合作的技巧的高低。

——分销系统管理专家　伯特·罗森布罗姆博士

企业痛点

★ 新产品销售不理想

★ 进入促销怪圈

★ 产品销售结构不合理

★ 产品销售利润低

★ 促销没有战略思考

★ 促销效果越来越差

★ 促销后市场价格混乱

本章重点

阅读本章后，你能够了解：

- 对经销商促销的观点
- 对经销商促销的目的
- 对经销商促销的原则
- 对经销商促销的工具
- 对经销商促销的主要方式

对经销商促销的观点

（1）频繁对经销商进行促销并不会得到经销商更多的支持。

（2）经销商促销应该被看成战略性经销商管理的一部分，而不仅仅是引导经销商销售更多产品的快速反应的战术行动。

（3）厂家在实施重大促销方案前，必须仔细研究各渠道成员的需求。

（4）促销后的调研可以评价渠道环节对促销的反应。如果厂商期望在提高促销有效度方面取得持续的进展，那么，这个习惯必须建立起来。

（5）尽管厂家已经做出了最大的努力，但强有力的大型经销商还是不可避免地会在促销问题上与厂家陷入冲突。

对经销商促销的目的

促销目的不同，促销政策也不同。只有在明确促销目的的前提下来制定相应的促销政策，拟定促销方案，才能成功地实现既定目标。对经销商促销的具体目的包括提高铺货率、增加销量、提高新旧产品更迭效率、处理库存、提高季节性调整效率。

提高铺货率

在产品上市阶段，一定的铺货率对产品推广、广告配合和稳定市场都有着十分重要的意义。为确保铺货率目标的实现，企业需要按照计划来组建、扩大自己的分销网络。具体的铺货促销政策如表 7-1 所示。

表 7-1　铺货促销政策

促销政策	具体内容
拓宽重点市场的经销商网络	提高现有分销商的分销能力：分析分销商的利益点，并采取适当的促销方式或手段来对其开展有计划的促销活动，以拓宽其分销网络并提高其分销能力
	寻找利基市场：争取发展新的渠道成员，但必须事先对产品特色和消费者的购买习惯、购买心理等资料进行细致分析
	争取竞品分销商：分析竞品的渠道政策，应采用优于竞品的促销政策来争取竞品的分销商。这是企业打击竞品、抢占市场的主要方式之一。但是，在实施过程中，必须注意保持本行业发展的稳定性，避免不正当竞争
扩大新市场经销商网络	扩大现有分销网络：为了抢在竞争对手之前占领新市场，应以优惠的促销政策、大量的促销活动和人员推广来全面开发渠道

续表

促销政策	具体内容
扩大新市场经销商网络	提高现有分销商的分销能力：一方面，应对市场和渠道开展全面的促销宣传；另一方面，应加强人员对渠道的支援，协助分销商开拓市场
开发新市场	对于尚未开发的区域，可派人员大量进行宣传和推广；对区域经销商开展促销活动

增加销量

增加销量是企业的目标之一，当产品有了一定的铺货率之后，主要就是看销量增长。具体的增量促销政策如表 7-2 所示。

表 7-2　增量促销政策

促销政策	具体内容
刺激现有经销商进货	这是增加销量最有效的方式之一，可采用的手段有价格优惠、高额奖励等
开发新的经销商	现有经销商的实力和能力有限，就要开发新的经销商以增加区域市场活力。但是，经销商不能开发过多，以免区域内出现激烈竞争。对待经销商的政策要灵活，既要保护现有经销商利益，又要对新的经销商起激励作用

提高新旧产品更迭效率

消费者的需求多样也多变，企业需要不断推出新品以满足消费者多样的需求，新品上市也需要相应的政策和团队进行推广。那么此时，旧有产品的处理便成了问题。具体的新旧产品更迭促销政策如表 7-3 所示。

表 7-3　新旧产品更迭促销政策

促销政策	具体内容
旧产品降价处理	当旧产品已经处于衰退期，将要退出市场时，对产品进行低价处理，尽快补入新产品

续表

促销政策	具体内容
新产品积极促销	当旧产品还有一定销量时，无须降价，可在宣传上侧重新产品，同时新旧产品可以搭售

处理库存

受运输、仓储等的限制，企业需要定期对库存进行处理。大面积清理库存很难短时期内被市场消化，企业必须巧妙利用渠道，妥当处理。具体的压库促销政策如表 7-4 所示。

表 7-4 压库促销政策

促销政策	具体内容
在现有渠道中促销	促使经销商大量压货：（1）企业可以在价格上给予优惠，使大经销商进行“压货”，但是风险在于窜货和低价；（2）可以给予经销商推广、运输等销售方面的支持
	在渠道中大量压货：可促使每级经销商都参与“压货”。尤其在长而宽的渠道中，尽管每个经销商的量不多，但总量却非常可观
开发新市场	可开发新地区或新细分市场，以创造新的市场需求，“消化”大量库存。此时，需要做好前期的市场预测和需求分析工作

【案例 7.1】

顶新集团华中地区为了处理库存，对“康师傅”某款饮料采取过一次大规模的促销行动。当时，为了将大量库存转移给经销商，同时将经销商的库存消化给零售店，顶新集团将经销商的库存清点后进行折让促销，诱使零售商纷纷进货，以此减少批发商的库存并使批发商大量进货。本次促销不仅迅速提高了“康师傅”某款饮料的销量，而且避免了一笔巨额的库存费用支出。

提高季节性调整效率

有些行业的销售会受到季节因素的影响，小到冷饮，大到空调。具体淡季和旺季的分布时间还要根据产品来看。我们可以从旺季、旺季到淡季过渡期、淡季、淡季到旺季过渡期 4 个时间段来看具体的淡旺季促销政策，如表 7-5 所示。

表 7-5 淡旺季促销政策

阶　段	促销政策
旺季	旺季是企业赚钱的黄金时期，通过促销推动经销商积极进货，同时派大量销售人员协助经销商加快分销
旺季到淡季过渡期	大量促销，延长旺季。旺季转淡季，经销商进货量开始减少。一方面，企业要合理安排生产，减少库存；另一方面，大量促销，激励经销商积极进货，延长旺季销售
淡季	淡季销量少，不代表没有任何需求。厂家给予经销商优惠政策，保持一定的销量
淡季到旺季过渡期	淡季转旺季是关键，市场上的竞争对手也在积极为迎接旺季做准备。企业需要把握好促销时机，以免浪费旺季销售时间

对经销商促销的原则

对经销商促销的原则如图 7-1 所示。

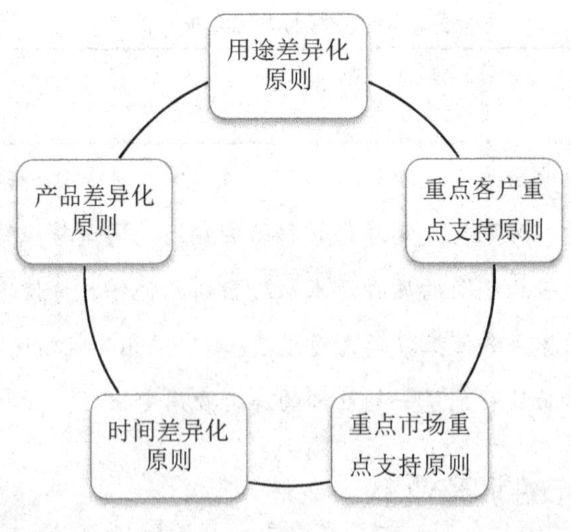

图 7-1 对经销商促销的原则

产品差异化原则

企业的产品有很多分类，如重点产品、流量产品、利润产品等。其促销的关键点是：畅销产品无须付出太多促销努力，主要在竞争激烈的产品上下功夫。

按照产品的生命周期来分，又可以分为导入期、成长期、成熟期、衰退期，其促销的关键点是：对成长期和衰退期的产品进行促销。成长期促销是为了达到一定的终端覆盖率和新品的终端成交率，回笼资金。衰退期促销是为了优化库存结构，为新产品的上市腾出空间。

用途差异化原则

可以根据不同的用途将促销分为销售型促销和市场型促销。销售型促销更多是本着销量去的，如返利、实物奖励等。市场型促销是本着产品在市场上的推广去的，如终端建设及后期维护投入、市场推广活动的支持、人员支持、培训支持和广告支持等。

重点客户重点支持原则

企业的经销商有很多，但事实上，企业 70%~80%的销量集中在 20%~30%的客户手中。经销商促销的资源是有限的，促销资源肯定也要投入销量较多的客户手中，以实现资源利用率的最大化。

重点市场重点支持原则

促销资源的投放还应遵循重点市场重点支持的原则，可以根据不同区域的市场状况，有针对性地进行投放。

时间差异化原则

产品不可能天天都是旺季，也会有一定的淡季出现，只不过有的短、有的长，有的规律、有的不规律。结合产品淡旺季，合理分配资源。

对经销商促销的工具

对经销商促销的工具如图 7-2 所示。

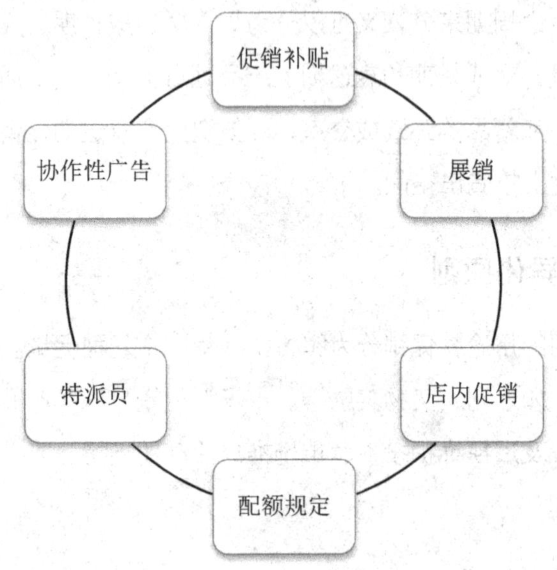

图 7-2 对经销商促销的工具

对经销商促销的工具包括协作性广告、促销补贴、展销、店内促销、配额规定、特派员等。

协作性广告

协作性广告是对经销商提供促销协助的一种流行形式。在多数情况下，由厂家提供广告格式建议，甚至制作好的广告。

协作性广告费用分摊有多种形式，但最普遍的形式是双方按一定的比例分摊，如各分摊 50%。另外，以经销商进货额的百分比为基础来进行分摊也是一种常见的形式。比如，经销商在规定的时期内进货 10 万元，如果最大的广告补贴率为 5%，则可获得的广告费用额度为 5 000 元。

为保证协作性广告的成功，厂家需要做到以下几点。

（1）在开始投资广告之前，保证要有足够的广告产品存货。

（2）提供足够的产品用于现场销售展示。

（3）如果有必要，厂家还需提供销售人员予以支持。

（4）厂家需要对协作性广告的方案进行仔细的审核、指导和管理。

经销商需要做到以下几点。

（1）所有有关协作性广告的请求必须通过厂家在当地的销售代表进行处理。

（2）广告内容按厂家提供的广告标准样板刊载，或者广告必须为消费者提供购买厂家产品的理由，以及可以买到产品的明确地点。

（3）广告范围限定在报纸登载、报纸夹页、电视、招牌（由厂商定制）、直接邮寄或公告牌。如经销商建议刊载杂志广告，则由厂家直接负责刊载。

（4）协作性广告费用额度不超过进货额度的多少比例（参考5%）。报销时只支付当地广告费用净额，即折扣以后的金额再减去广告公司的退款（返点）。

（5）必须在费用发生后的多少天（如60天，具体根据公司财务流程确定）内完成报销手续。

（6）室外招牌的要求。树立招牌的费用可以得到补偿。如果招牌的计划成本超过某个数值如1万元，则在该计划授权开工前，需要通过当地的厂家销售代表向厂家总部递交计划招牌的事前布局图和两家广告商的报价。

（7）报纸广告报销要求。单份报纸广告，凭一份报纸广告的完整剪报原件、报纸广告发票复印件报销。刊登于不同报纸的同一广告，凭一份报纸广告的完整剪报原件及报纸的清单，包括刊登广告的日期、每份报纸的价格表及折扣率报销，该清单由厂家在当地的销售代表签字。报纸夹页，凭一份夹页原件、一份印刷夹页广告的复印件、一份夹页发票的复印件报销。不接受只使用标志性语言的广告，而必须给出购买产品的理由。已发行未支付的费用（购物指南、抵价券等），凭一份完整的抵价券和购物指南、一份出版商发票的复印件报销。

促销补贴

促销补贴最典型的策略是向经销商直接提供现金，或者按产品销售额的一定百分比支付。提供促销补贴是为了鼓励经销商的以下行为：

- 更多地销售厂家的产品
- 获取更大的货架陈列空间
- 更多地在特定的楼面或展示点展示产品
- 获得更多的堆头
- 开展更多的引人入胜的促销活动

厂家给经销商提供的促销补贴正在快速增长，目前这类补贴已占销售额的10%~15%（快速消费品）。这种促销补贴使得经销商在促销时有更大的自主权。经销商可以更好地根据自己的市场状况，制订市场促销方案。但是，如果经销商缺乏促销能力，或者将这种补贴转换为自己的利润，这种促销补贴就失去了意义。所以，在实际操作中，厂家销售人员的监控显得尤为重要。

展销

传统意义上的展销是在某地举办的大型产品展示售卖会，聚集较多经销商。本书讨论的展销是一种在终端店内进行产品展示和售卖的方式，更多宣传和推广产品，促进销售。在美国，每年在各种类型的零售店进行的展销和其他促销活动的费用以18%的速度递增，因为厂家争着要在拥挤的零售店里为其产品获得更多空间。

展销将一类可能十分滞销的产品或新产品转变为焦点产品，吸引了消费者的注意，提高了消费者的兴趣，也增加了产品的销售量。展销对于扩大品牌知名度、培养新产品、帮助经销商实现产品的分销很有帮助。

展销作为一种细致文雅的店内促销方式，近年来越来越普遍。它主要适用于较高档的服装、鞋子和珠宝等产品。用新的、最好的产品在零售店进行展示来刺激顾客的购买欲，这种形式被证明是非常成功的。

店内促销

大多数店内促销都是短期的活动。为了使店内促销活动更有效，让零售商从促销活动中获益是很重要的。因为，很少有零售商与经销商或厂家合作开展店内促销活动，除非进行店内促销活动能让零售商以直接形式获得特殊的利益。因此，一次成功的店内促销计划应当考虑到有关零售商的潜在或现实的利益。

特派员

特派员是指被厂家派往经销商处，帮助经销商开展销售活动的厂家销售人员。其目的是劝说经销商不推销其他竞争对手的产品，而销售厂家自己的产品，或者加强厂家自己产品的销售。在消费品行业，特派员需要从事以下工作。

（1）检查批发和零售的存货情况。

（2）拜访二级批发商或零售商，传达有关信息，如新产品、促销信息等。

（3）帮助安排橱窗或店内的摆设。

（4）解答二级批发商或零售商的问题，提供建议和培训。

（5）努力促进厂家和批发商、零售商之间的良好关系。

（6）处理商品订单。

（7）确保经销商销售计划的完成。

（8）防止并协助处理窜货。

（9）维护市场价格。

（10）培训经销商销售人员。

（11）协助产品铺货、理货、补货和陈列。

（12）协助经销商销售人员开展现场的销售工作。

近年来，这种做法在快速消费品行业变得十分流行。在零售店，如果厂家安排了自己的销售人员，销售额将会有 20%以上的增长。

小技巧：对经销商促销，实际上有很多内容，如协作性广告、促销补贴、展销、店内促销、特派员、培训等，每条都是经销商需要的。销售总监可以选择其中几条作为对经销商促销的重点。为此，销售总监必须要了解每种促销针对的重点是什么，这样才能提升促销效果。

- 协作性广告。它对功能性产品特别有效。如果厂家的产品需要大力宣传才能销售，如保健品等功能性产品（如脑白金），则协作性广告是对经销商促销的重要手段。
- 促销补贴。它对于利润高但不好卖的产品特别有效。经销商除了获得正常的返利外，还额外获得如20%的促销补贴，以鼓励经销商自己组织促销活动，提升辅销品的销售。
- 展销。它对老品牌中的新产品特别有效。为了让消费者尽快了解新产品，厂家支持经销商在当地的卖场、机场、宾馆酒楼、车站等场所进行产品展示并销售，以达到快速提升新品销量的目的。
- 店内促销。它对快速提升老产品的销量特别有效。对于消费者认知的老产品，通过在卖场内的促销活动，可吸引消费者购买。
- 特派员。它对多品牌经营的经销商特别有效。如果一个经销商经营多个品牌，就不可能把主要精力放在某个品牌身上。为此，厂家安排一个业务员，专门负责销售，可有效引导经销商的注意力。
- 培训。它对产品很复杂、价格高、需要专业知识才能销售的产品很有效。如功能性产品、工业品、价格比较高的化妆品和生活用品，通过培训，让经销商快速掌握产品知识和销售技巧。

对经销商促销的主要方式

对经销商促销的主要方式，按照促销区域、促销目的或产品类型分，具有不同的内容。

按促销区域分

按促销区域，可以将促销分为区域性促销和全国性促销。区域性促销的方案设计者是经销商，全国性促销的方案设计者是厂家。

1. 区域性促销

区域性促销是经销商根据当地区域市场的情况，在厂家的促销政策允许的范围内设计和实施的促销活动。其目的是帮助个别经销商提升销售能力，增强产品在区域市场上的竞争力。

区域性促销的内容：为应对局部区域的竞争而采取的促销活动；新店开业、店庆促销；局部地区的深度分销。区域性促销重点在于控制费用报销，防止弄虚作假。

2. 全国性促销

全国性促销是厂家执行的全国范围内的促销，是厂家根据整个市场的情况、库存情况、竞争对手情况、销售情况及企业的营销战略，针对所有经销商设计和实施的促销活动。其目的是帮助所有经销商增加销售额，增强企业产品在整个市场上的竞争力。全国性促销重点在于实施促销战略，如调整产品结构、新产品销售、积压品销售、打击竞争对手等。

按促销目的分

按促销目的，可以将促销分为销售型促销和市场型促销。两种促销方式常常是结合或交替使用的。

1. 销售型促销

销售型促销以增加销售额为目的，通过渠道奖励，激励经销商大量压货，短期行为特征明显。主要方式有阶梯返利、实物奖励、限期发货、销售竞赛等。

2. 市场型促销

市场型促销的最终目的仍然是增加销售额，通过市场管理、广告投入、终端建设、人员培训等方式，促进市场良性发展，进而增加销售额。主要方式有消费者促销支持、终端建设支持等。

按产品类型分

1. 畅销产品的促销

畅销产品的促销应坚持的一个重要原则是确保价格稳定。如果企业畅销产品的品种少，只有 1~2 个品种，但占企业销量的比重大，达到 70%以上，则企业最好少做促销，以提供优质服务为主。反之，如果企业的畅销品种多，达到 10 个品种以上，而且每个品种占企业销量的比重比较平均，如占 10%左右，则企业可以多做促销，而且以循环促销为主，每次选择 1~2 个应季产品作为促销产品，同种产品的促销时间间隔控制在 3~6 个月，保证当下次进行同种产品促销时，原来促销的产品应该早已在市场消化完了。由于经销商对该种促销产品的库存越来越少，无论下次促销的力度有多大，对经销商进货都不会产生负面影响，同时也避免了窜货的发生。

畅销产品的拉动力强，经销商和批发商大多靠畅销产品的销售来维持自己的销售网络。一旦该类产品出现降价、窜货，势必影响产品的销售。所以，在制订促销计划时，应以消费者促销和零售商促销为主，尽量不做或少做批发商和经销商的促销，因为批发商和经销商的促销是降价窜货的主要原因。

小技巧：畅销产品促销应注意 4 点：一是少做促销，二是促销力度不能大，三是所有促销必须在包装物上有明确的标识，四是只做消费者和零售商促销。最重要的是要限时限量。

2. 辅销产品促销

辅销产品由于拉动力不大，也不是企业销售收入的主要来源，其产品的价格敏感度不高，窜货的可能性小。所以，对于辅销产品的促销，易采用大力度、少量、高密度、全方位的促销。在满足市场需求量的前提下，尽量让促销对象获得利益。只有这样，才能提高渠道成员销售辅销产品的积极性，逐步增加辅销产品的销量。

小技巧：辅销产品促销应注意 4 点：一是大力度，指在设计促销活动时采用较大力度的促销方式，如 7 折优惠、买一送一、高价值的赠品等。二是高密度。辅销产品作为畅销产品的必要补充，应以促销作为其销售的主要方式。所以，应在尽量短的时间内，对同一种产品进行促销，如隔月促销一次。三是少量。由于辅销产品的销量并不大，每次促销活动分配给经销商的配额不宜过多，以免造成经销商的资金积压或降价销售。其所分配的数量应以市场的需求量为基础，在不降低其价格的情况下完成销售，真正使促销对象获得利益。四是全方位。对辅销产品分销渠道的每个成员，如经销商、批发商、零售商等，应同时进行促销，以提高每个渠道成员的销售积极性。

3. 新产品促销

新产品的促销，主要是利用现有畅销产品的渠道和消费者优势，尽快进入市场。通常这类产品的窜货还有利于产品的前期推广和销售。

小技巧：新产品促销的方式有：一是经销商新品推荐会。经销商对新产品不熟悉，自然没有信心进货并销售。企业需要通过新品推荐会让经销商了解产品，知道销售公司产品是有利可图的。二是对经销商提供额外返利。为提高经销商销售新产品的积极性，在同等产品返利的基础上，企业提供额外的返利。三是制定针对性渠道奖励政策，提高覆盖率。比如，给经销商设立新品销售奖励，或者直接给新品销售进行提成。

4. 滞销产品促销

滞销产品或多或少会占用企业资源，如果企业不担心降价窜货的问题，其促销方式没有限制，只要能尽快达到清仓的目的就可以了，限量销售、特价销售都可以采用。如果企业担心会带来扰乱市场秩序的问题，就只能通过对经销商进行激励来解决，如给予返利、库存补贴、价格补贴等。

不同产品的促销方法总结如表 7-6 所示。

表 7-6 不同产品的促销方法

产品类型	促销方法
畅销产品	刺激性、娱乐性促销为主，如刮刮卡、买赠等
辅销产品	少量（限量）、大力度、高密度、全方位
新产品	派发样品或试用装，对经销商提供额外返利
滞销产品	限量销售、特价销售

总结案例

某牙膏企业全年产品促销计划总体策略

1. 目的

（1）通过促销保证各流通环节的利润，增强流通商的信心，从而扩大产品覆盖率，直接拉动销售额的增长。

（2）通过促销争取产品在终端良好陈列，刺激消费者购买，拉动终端销售。

（3）出于竞争的需要，通过促销提高产品市场份额。

2. 目标

（1）隔月开展不少于 2 次批发渠道促销，每月不少于 2 次终端促销。

（2）促销产品销售额占总销售额 25%以上。

（3）促销费用与销售额的比例在 4.17%以内（牙膏类占 70%，牙刷、漱口水等占 10%，化妆品占 20%）。

3．策略

（1）在以批发渠道促销为主的前提下，有计划、有步骤地加强终端促销。

（2）以终端型经销商为主，流通型经销商为辅。

（3）充分考虑各流通环节的利益，从而促进产品快速流通。

（4）以主销产品为主，兼顾辅销产品。

（5）在促销品种与规格选择上，批发渠道与终端渠道各有不同的产品侧重点。

（6）加强监控，在一定范围内稳定价格。

（7）以重点省份为主，以赢得局部优势。

（8）充分考虑各地的实际情况，全国性促销与个性化促销相结合，个性化促销倾斜西南、西北、东北区域。

4．方式方法

（1）采取配额制，促销力度渐弱。

（2）每次促销周期，批发渠道为10~15天，终端渠道为15~30天。

（3）批发渠道以各种形式的产品赠送和返点，终端渠道以各种形式的产品赠送和特价折让为主要方式。

5．具体计划

全年促销计划如下表所示。

全年促销计划

<table>
<tr><th>产品</th><th>目　　的</th><th>促销形式</th><th>数量（万支）</th><th>数量（箱）</th><th>金额（万元）</th><th>促销时间</th></tr>
<tr><td rowspan="3">A</td><td rowspan="3">渠道促销加强分销</td><td>每箱送2~4支同款牙膏</td><td>216</td><td>30 000</td><td>9.75</td><td>1月</td></tr>
<tr><td>每箱送2~4支其他牙膏</td><td>216</td><td>30 000</td><td>10.13</td><td>5月</td></tr>
<tr><td>每箱送2支其他牙膏</td><td>216</td><td>30 000</td><td>7.80</td><td>9月</td></tr>
<tr><td rowspan="2">B</td><td rowspan="2">终端促销提高覆盖率</td><td>每捆送1支A牙膏，中包装粘贴促销信息不干胶</td><td>180</td><td>25 000</td><td>21.67</td><td>2月</td></tr>
<tr><td>每捆送1支C牙膏，中包装粘贴促销信息不干胶</td><td>180</td><td>25 000</td><td>22.50</td><td>6月</td></tr>
</table>

续表

产品	目　　的	促销形式	数量（万支）	数量（箱）	金额（万元）	促销时间
C	渠道促销加强分销	积分奖励，积分为 4、2 或 1 分/箱，每分奖励 2 元，票面折扣	278	51 500	33.48	3-8 月
	终端促销提高覆盖率	每捆送 1 支 105g 清热或 Cpp 钙牙膏（10×6 包装），中包装粘贴促销信息不干胶	27	5 000	3.25	3 月
		每捆送 1 支 D 牙膏，中包装粘贴促销信息不干胶	22	4 000	2.70	8 月
D	渠道促销加强分销	票面折扣 5%	58	12 000	9.72	4 月
	终端促销提高覆盖率	票面折扣 2%，每箱送 2 支 B 牙膏	108	15 000	4.38	7 月

思　考

1. 某开关生产厂为了适应市场的需求，经常推出新款开关，受到了市场的欢迎，企业也持续获得了销量。但问题是，与新款相似的老款开关却积压在经销商的仓库，日积月累，经销商不同型号的老款积压越来越多。

　　以前，厂家的退换货政策是经销商可以无限量退货。其结果是，厂家辛辛苦苦一年赚了 5 千万元的利润，经销商的退货却达到了 3 千万元。

　　为了改变这种被动的局面，针对这种情况，厂家在今年年初的经销商年会上宣布了新的退换货政策：取消经销商的退换货政策，经销商积压的老款开关由经销商自己处理。

　　政策宣布后，经销商怨声载道，集体强烈反对。

　　作为销售总监，你如何通过促销政策妥善处理新老款式的库存与市场销售的衔接问题？

2. 产品均衡销售，确保产品具有理想的销售结构，是考验厂家掌控能力的主要标志。因为，产品的销售结构不仅与库存积压有关，还与销售毛利率高低有关。厂家既要减少库存积压的产品，又要提高销售毛利率。请运用本章所学的促销知识，制订出减少库存积压。提高销售毛利率的方案。

3. 厂家大部分促销活动都是临时策划出的，没有战略思维，导致“头痛医头、脚痛医脚”，促销效果越来越差。请参考总结案例，科学制订年度促销计划。

第 8 章

培训激励

没有经过培训的经销商，就不会有凝聚力、战斗力和竞争力，“厂商共赢”就是一句空话！未来，4P 的竞争会逐渐聚焦在经销商的竞争。美国分销系统管理专家伯特·罗森布罗姆博士说，营销渠道是获得持久竞争优势的因素。而培训，是提高经销商销售能力的最好方法。

——梅明平

企业痛点

★ 没有对经销商的长期培训计划

★ 经销商对企业文化知之甚少

★ 经销商普遍销售能力弱

★ 经销商没有发展远景

★ 经销商的素质参差不齐

本章重点

阅读本章后，你能够了解：

- 建立经销商培训体系的 2 项原则
- 经销商培训的 4 个层次
- 经销商培训的 10 种形式
- 编写经销商培训资料的 7 项内容

建立经销商培训体系

经销商没有丝毫凝聚力怎么办？经销商对公司的政策无法理解和接受怎么办？经销商对新品推广和促销没有积极性怎么办？经销商素质参差不齐怎么办？经销商想要做好，但是缺乏经营管理知识又该怎么办？

经销商是厂家和消费者之间产品流通的纽带和厂家获得市场利益的重要节点，打造良好的经销商团队已经成为厂家在市场竞争中获得核心竞争力的关键。培训经销商是厂家帮助经销商发展的实际有效的工作，厂家对经销商进行培训是明智的选择！

如果厂家的经销商培训只停留在有问题就培训、没问题就不培训的阶段，经销商培训也就没有办法做到循序渐进和逐步深化。没有培训的明确负责人，没有专门的文件和资料，自然得不到经销商的积极投入和紧密配合，培训效果也就可想而知。可见，建立良好的培训体系是经销商培训取得效果的前提保证。

丨 经销商培训体系的建立原则

经销商群体有其特殊性：素质参差不齐，大部分是夫妻店，知识水平相对不那么高；平时工作忙、时间紧，培训机会很少；年龄偏大，40 岁以上的占多数，管理经验缺乏；缺乏对市场趋势的分析和把握，信息闭塞，缺乏了解信息的途径和方法。

笔者认为，根据经销商群体的特殊性，经销商培训体系的建立应遵循两大原则，那就是系统和实战。系统是为了保证持续的培训效果，实战是培训的最终落脚点。

1. 坚持系统性原则

每个企业的经销商应该都多多少少参加过经销商培训，但是，培训一结束，脑子里好像什么也没有留下。因为企业对经销商的培训缺乏系统性，培训之间没有衔接，培训内容十分散乱。厂家应该抛弃有问题才培训的偏见，建立系统的培训体系。即使经销商没有遇到相关问题，也能防患于未然。系统的培训安排，带来的是经销商总体经营素养的提升，培训内容也更容易转化为行动。

2. 坚持实战性原则

调研发现，经销商对培训有以下期望：直截了当，通过培训回去直接提升销量；培训内容不要晦涩难懂，不要只讲理论不讲方法；培训时间不要太长。

但很多厂家在寻找经销商培训讲师的时候，或许为了名声好听，不惜花费重金邀请高校教授或市场中水平较高的咨询公司进行讲授。很多理论可以说属于世界的领先水平，但是，经销商工作更多是较为基础的实战性工作，理论高度拔得太高让经销商难以消化，更别说转化为实际行动了。因此选择经销商培训讲师时，不仅要让经销商知道讲了什么，还要让他们知道为什么是这样的，回去应该怎么行动，最好能够当场写出行动计划。

【案例 8.1】梅明平老师是怎么培训经销商的

中国资深的经销商培训讲师梅明平先生在成为一名优秀的经销商讲师之前，拥有 8 年的世界 500 强公司经销商管理经验。他的每次经销商培训，座无虚席，经销商全部上交手机，中间几乎没有人离场，听完培训的经销商个个斗志昂扬。他是怎么做到的？为什么他能让经销商这么爱听他的话？

首先，近 10 年的市场经验，使得梅老师对经销商十分了解。他的课程在国内外管理理论的基础上，结合实践经验，转化为对经销商来说浅显易懂的方法。加上风趣幽默的课堂语言风格，经销商十分喜欢听他讲课。

其次，梅老师对经销商心理有十分深刻的洞察。他知道经销商都是比较爱面子的，于是有一个小小的规定，接听电话、看手机的，需要到讲台上与老师互动，站在众多经销商面前“露脸”，经销商碍于面子，全部将手机放到讲台。这只是小小的规定，没有强制性，但大家都愿意遵守，最根本的是，像梅老师说的，“少接听几个电话也就损失几个单子，但是这节课错过了，损失的怕就不只是几个单子那么少了”。是的，不要在乎眼前的一得一失。要想获得长远发展，经销商必须在管理技能和眼界上都有提升。

梅老师的每次培训都紧密结合企业填写的“需求大纲”制定培训内容，并通过助理与企业负责人反复沟通，确保培训内容对症下药，而不是为了冲课时随便说一点。培训课上每传授完一个知识点，需要经销商写下“行动大纲”，当场明白回去之后应该如何行动。2016 年，名气电器邀请梅老师培训，目的是鼓励经销商快速开专卖店，因为上半年只开了 200 家。经过梅老师两天的培训，下半年经销商开了 2 000 家名气专卖店。2017 年 6 月，名气电器又请梅老师去给经销商培训，培训题目是“店开了，如何活下来”。为期两天的培训结束后，经销商的行动计划非常清楚地阐明了让店活下来的方法。

这样的培训讲师，才是企业真正需要的。没有晦涩难懂的理论，没有假大空的套话，直指厂家和经销商痛点，并及时拿出“良方”。90%以上的复训率，是企业给予培训讲师的最大认可。

建立阶梯式经销商培训体系

很多厂家对经销商的培训只针对经销商，忽略了经销商手下最重要的力量，那就是经销商的员工，尤其是经销商自己的业务员。通过阶梯式的培训，对经销商、零售店管理者、员工进行培训，才能保证让经销商从上到下都知道厂家的政策、终端管理的执行标准、服务的要求和陈列的要求等。

1. 经销商培训班

很多经销商老板都面临着不知道如何挑选品牌，不知道如何进行产品动销，不知道怎么吸引大客户、开发新客户、维护老客户等问题。还有员工流动性大、招人难的问题……针对经销商存在的问题进行培训，才能赢得他们的支持和配合。

2. 经销商销售员工培训班

怎样让经销商的员工愿意参加培训呢？关键是要围绕经销商员工面临的难题进行培训的设定。为什么客户总是一再地提出抗议？为什么产品好、价格合理，但客户就是不愿意购买？为什么每天跑来跑去，但是销售业绩却没有任何进展？让经销商员工参加培训后，觉得所学的东西马上就可以在实践中应用，而且会有立竿见影的效果，这样就会激发他们的工作热情和信心。

确定经销商培训层次

经销商的 4 个培训层次如图 8-1 所示。

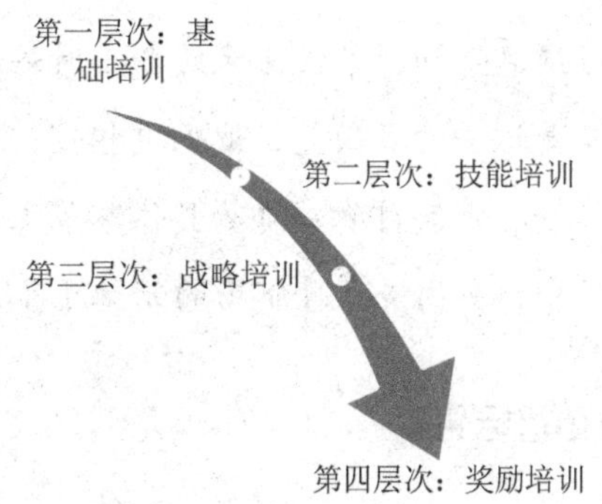

图 8-1　经销商的 4 个培训层次

| 第一层次：基础培训

（1）培训目的。主要让经销商对厂家有较深刻的了解，并通过对厂家的了解，增强对厂家的认识，下定“从一而终”的决心。

（2）培训内容。通过企业介绍，使经销商认同企业的文化；通过产品介绍，使经销商了解产品在市场上的竞争优势和发展前景；通过销售政策介绍，使经销商了解厂家对经销商的管理政策，增强经销商经营产品的信心。

【案例 8.2】通过培训，贝因美迅速打开省外市场

销售额尚不到 1 亿元的贝因美营销管理层面临着一个非常艰巨的难题：如何让经销商对贝因美的未来充满信心？如何让他们投入更多的时间、精力和资金，销售更多的贝因美产品？贝因美虽然在浙江省颇为知名，但因为多年来未系统、有效地开拓省外市场，在许多省外经销商心目中，贝因美是个长不大的品牌，发展前途不大。在当年的经销商培训大会上，面对经销商的种种疑虑，面对企业实际上只有非常有限的优势这一客观事实，培训人员胸有成竹，慷慨陈词，主要从公司所拥有的高瞻远瞩的领导、各有专长的人才、厚积薄发的品牌等角度来分析贝因美拥有的美好未来，从根本上打消省外经销商的疑虑。

打消疑虑还远远不够，培训人员趁热打铁，让浙江某样板市场的经销商上台现身说法：为什么宁愿放弃娃哈哈（该客户曾经是娃哈哈全国最大的经销商），而

要代理经销贝因美？经过情真意切、事实凿凿的2小时培训，浙江省外的经销商完全相信现在的贝因美不是过去的贝因美，他们更相信：跟随贝因美，未来一定更美好！此后，在打保证金、产品订货铺货等具体环节上，经销商给予了前所未有的支持，在随后的几年中，贝因美省外市场的销量年年倍增！

第二层次：技能培训

（1）培训目的。通过技能培训，让经销商快速掌握销售技能，提升销售额。

（2）培训内容。包括销售技巧，员工管理，业务知识（库存、报表、仓储、财务、信息），谈判技巧，终端管理，公司化运作等。

【案例8.3】《厂商共赢：产能过剩背景下经销商盈利路径》培训大纲

一、培训目的

1. 提升经销商忠诚度，紧跟企业步伐，迅速发展。
2. 帮助经销商掌握公司化运作的思路与方法。
3. 帮助经销商积极调整心态，改变经营思想。
4. 帮助经销商做好市场定位，明晰发展方向。
5. 帮助经销商树立品牌意识，掌握宣传技巧。
6. 帮助经销商打造高效团队，实现业绩倍增。
7. 帮助经销商加强产品和资金管理，提升管理效率。
8. 帮助经销商明确自身职责，实现合作共赢。

二、课程大纲

第一讲　产能过剩阶段的营销法则

（一）分销渠道变革的4个阶段

（二）产能过剩阶段的营销利器

（三）宣传是获得竞争优势的绝招

（四）成为区域霸主才是最后的赢家

【经营困惑】天天打价格战，何处是尽头？行业利润越来越低，是不是该转行了？厂家何时推出高利润、高竞争力的产品？现在做生意怎么越来越难、越来越累？

第二讲　适合中小企业的员工管理

（一）老板管理员工的2种思路

（二）招聘员工的3种标准

（三）培训员工的3种方法

（四）激励员工的4种方法

（五）员工绩效管理的4个步骤

（六）科学制定薪酬的6个要点

【本讲亮点】现代的管理不再是单一的管理，而是多元化的管理，但管理的核心还是归于人的管理、人才的管理。如何将人的潜能通过管理激发出来并发挥到极致，需要的是智慧与谋略。本讲将带给经销商员工管理的思路与方法，实现员工与企业的共同成长。

第三讲　竞争激励阶段的渠道分销

（一）分销渠道的重要性

1. 拥有密集而健全的分销渠道，便可成为厂家的座上宾。

2. 分销渠道可以为经销商创造源源不断的利润。

3. 分销渠道可以增强与竞争对手竞争的砝码。

4. 自己亲自开发的分销渠道感情最好，最牢固。

5. 渠道开发很累，但一旦开发，将终身获利。

（二）开发分销渠道的5种策略。

（三）分销渠道管理

1. 批发渠道压货的2种方法。

2. 零售店铺货的6种方法。

3. 市场显现最大化的4种方法。

4. 终端销售人员能力一览。

【本讲亮点】经销商盈利源于网络盈利，经销商持续盈利源于合理布局与优质网络。优化网络，并使网络（批发、零售）的销量倍增。本讲将促进经销商加大宏观掌控力，增强核心竞争优势，增强解决销售问题的能力，实现销量倍增、高速发展，走在行业的前列。

第四讲　实现厂商共赢的 4 项保证

（一）保证完成厂家的销售任务

（二）要成为一名成熟的经销商

（三）共同维护渠道的流通秩序

（四）密切配合厂家的销售指导

第三层次：战略培训

（1）培训目的。与厂家建立长久合作的伙伴关系，打造经销商的竞争优势。

（2）培训内容。通过引导经销商进行合理的经营定位，让经销商心无旁骛，一心一意地成为厂家的专销商；通过引导经销商制定自己的愿景，让经销商带着激情从事经销工作。

第四层次：奖励培训

（1）培训目的。通过给予经销商一种高级别的奖励待遇，以期经销商能够和企业保持良好的合作关系，同时希望经销商能够提升自身实力，永续经营。

（2）培训内容。社会趋势、市场形势、发展战略，立足经销商的角度考虑未来发展的培训。

确定经销商培训形式

经销商培训形式主要包括以下几种。

（1）集中培训。主要在经销商的年会、订货会上对经销商进行全方位的培训。

（2）在线培训。经销商在网上参加培训，培训内容包括产品信息、技术知识、销售方案、常见问题等。网上培训可以节约时间、降低培训成本，但是效果不如现场培训好，并且不适合技术含量高、操作比较复杂和较为专业的新产品。

（3）上门培训。上门对经销商进行技术培训、市场营销方法培训，有的企业会定期到经销商处进行上门培训。

（4）出国深造。对核心经销商进行深度培训，打造厂家的核心渠道成员，如挑选经销商到国外读 MBA。

（5）经验交流会。组织各地经销商活动，以经验交流的方式进行培训，如广东福田邀请优秀经销商到广东一些风景名胜之地，组织开展经验交流会。

（6）销售地区报告会。区域销售经理就区域市场出现的问题、市场新动态、厂家新政策、经销心态等召集本区域的经销商现场演讲。

（7）样板市场参观。组织经销商到优秀经销商所在的区域参观学习，听取优秀经销商及其员工的经验介绍，让样板发挥榜样的作用，如广东福田组织经销商到河南参观专卖店的样板市场。

（8）资料培训。厂家要编制《经销商工作指南》《营销知识与技巧手册》《综合知识与管理技巧手册》教材，通过邮寄或现场分发的方式供经销商自学。

（9）专家讲座。聘请相关专家或培训师对经销商进行培训，如上汽大众新疆区聘请教授、营销专家、培训界名人做讲座。

（10）经销商培训学院。企业成立自己的经销商培训学院，设立系统的课程，确保培训的持续性，如摩托罗拉中国客户明星学院、惠普经销商大学、大联想学院等。

确定经销商培训讲师

培训讲师来自两个方面，一是内部，二是外部。

内部讲师

内部讲师来自企业内部，有可能是在职员工或管理者，也可能是企业的专职讲师。企业可安排如下人员对经销商进行培训。

（1）营销部经理。可对产品知识、行业知识和企业文化进行培训。

（2）销售部经理。可对销售技巧、销售政策、销售问题进行解答。

（3）财务部经理。可对财务管理、报表管理、对账单的对账等进行培训。

（4）法律顾问。通过公司的法律顾问对经销的法律知识、合同方面的知识进行讲解。

外部讲师

企业可从外部寻找专职讲师对经销商进行培训，主要有以下人员。

（1）行业专家。比如，从行业协会聘请行业专家对行业进行分析，并向经销商展示行业的发展趋势及机会。

（2）销售类讲师。聘请专职销售讲师向经销商讲解销售知识、销售技巧、销售队伍管理、公司化运作、终端管理、谈判技巧等。

（3）管理类讲师。聘请专职管理讲师对经销商讲解团队管理、领导力、执行力、战略管理等。

【案例 8.4】一次失败的培训

A 企业为了奖励优秀经销商，在经销商会议中加入了专题培训的内容，市场部专门邀请名牌大学的一名资深老教授给经销商做培训，但是效果却不理想。培训课上，老教授就“管理”两个字的字面含义，从中文到英文，从古代含义到现代含义，竟然足足讲了 2 小时。经销商培训会上睡倒一片，培训后经销商纷纷抱怨：“千里迢迢赶来，听这么无聊的培训，简直是浪费时间、浪费生命。”能够为经销商奖励培训，该企业的出发点是好的。但是由于培训讲师和培训内容安排上的不恰当，反而起到适得其反的作用，经销商对这种奖励培训产生了排斥。

编写经销商培训资料

厂家要编写培训资料，通过培训教材、光盘、网站等形式发放出去，供经销商自学。经销商培训资料包括以下 7 个方面的内容。

（1）《经销商工作指南》。主要介绍经销商的日常工作，包括订货、付款、退换货政策、返利、渠道建设、团队管理、库存管理、销售管理、厂家各部门的联系方式和负责人等。

（2）《营销知识与技巧手册》。主要介绍与产品相关的销售技巧，包括 4P 与 4C 理论、品牌知识、市场定位、市场调查等。

（3）《综合知识与管理技巧手册》。主要介绍管理知识，包括授权、公司化运作、组织结构、岗位职责、员工激励与考核，使经销商能迅速提升管理水平。

（4）《KA 终端销售指引》。主要介绍 KA 相关知识，包括进场流程、各种终端费用、产品陈列标准、产品理货补货、退换货、财务结账、退场流程、客情关系指引、促销等。

（5）《终端谈判技巧》。主要介绍终端谈判的相关知识，包括谈判原则、谈判技巧、谈判流程、谈判方案等。

（6）《销售技巧》。主要介绍产品的销售技巧，包括产品知识、行业知识、开场白、探寻需求、异议处理、销售缔结方法等。

（7）取得的各种荣誉、企业的组织架构等。

【案例 8.5】

经历了 100 多年的发展，飞利浦照明已经取得了世界市场的领先地位。为进一步扩大中国市场，追求业务的卓越发展，飞利浦照明把对经销商的培训作为一种长期的营销战略，连续多年在全国各地区进行了这项培训，取得了很好的效果。

飞利浦照明认为，衡量一名经销商的水平，不能仅从销售业绩来判断，应该从专业、产品、服务等综合因素来评估。对经销商的培训是一种市场网络投资，是争取市场主动权的超前投资。

飞利浦照明在中国每个区域的培训都有详细的计划，这些培训计划是根据各个区域经销商的需求来制订的。

飞利浦照明的培训主要有两类。一类是新产品的介绍与应用，针对经销商的业务骨干；另一类是销售技巧的培训，专门针对经销商的营销人员。

飞利浦照明对经销商的培训主要有3种方式，每年计划有20场左右的培训。第一种是集中培训；第二种是业务经理的现场报告；第三种是发放培训资料给经销商，让他们自学。这些资料有光盘、培训资料汇编等。

总结案例

一次成功的经销商培训流程

经销商培训流程如图8-2所示。

第一步：需求调查

在对经销商进行培训之前，调查了解经销商目前经营所面临的困境，经销商目前亟待解决的问题，想要听到什么样的培训知识……通过以上问题确定培训内容。笔者所在的咨询公司进行经销商培训之前，都会要求企业填写一份需求大纲。同样，企业也可以通过调查问卷、面对面或电话访谈等方式，获取经销商的需求信息。

比如，我们曾在访谈中了解到，经销商不仅想要了解如何通过有效分销提高销量，还面临着招人难、留人难、管人难的问题。厂家也根据经销商提供的需求，有针对性地添加了经销商员工管理的培训内容。

第二步：基于需求内容、经销商特性选择培训内容

很多专业的经销商培训公司会根据企业提供的需求设计培训内容，并与企业反复沟通，最终确定。力争做到没有废话，句句针对经销商需求来培训。企业也可以自己设计，直接要求培训讲师进行某些内容的培训。不过建议，最好能够与培训讲师沟通，因为讲师有丰富的培训经验，知道什么内容受欢迎及如何表达会较为合理，易于经销商接受。

第三步：增加课堂互动

培训尽量多引用一些案例，让经销商更能够明白和理解。适当加入角色扮演、情景模拟等内容以提高互动性，调动经销商上课的积极性，活跃课堂氛围。

幻灯片尽量简洁，让经销商的注意力集中在老师所讲述的内容上。适当鼓励经销商发表自己的看法，在沟通、交流中完成培训。

第四步：难题逐个击破

经销商的问题，要一个一个有条理地解决，切忌囫囵吞枣。一个问题必须要让经销商听懂后，再进行下一个。可以边培训边鼓励经销商有问题及时提出，对于一些有共性的问题集中回答，也可以在课下与讲师交流。

第五步：共同参与培训

厂家销售经理等高层尽量与经销商共同参与培训，这在经销商培训时是十分必要的。一来体现厂家对经销商培训的重视，二来厂家人员的存在减少了经销商和培训讲师之间的陌生感。最后也是很重要的一点，厂家和经销商共同参与培训，有助于在很多看法和做法上达成共识，后期相关工作的展开也会更加顺利。

第六步：跟踪反馈

每次经销商培训后，厂家要对经销商进行跟踪反馈，包括对培训内容、培训讲师、培训时间、形式安排等的反馈意见。既方便下一次培训工作的改进，也是对培训效果的实时反馈。

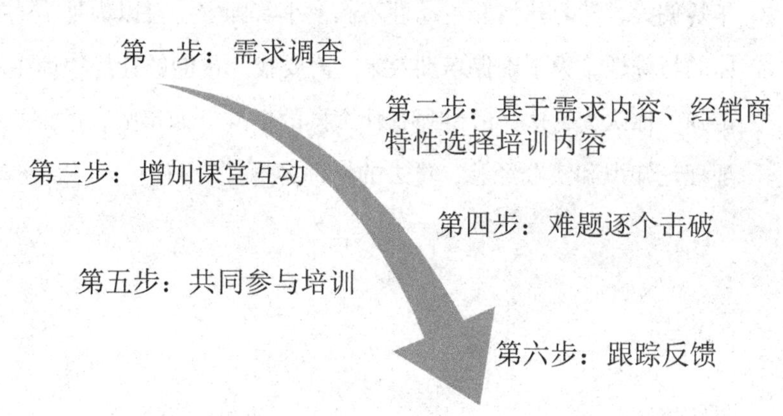

图 8-2 经销商培训流程

思 考

1. 现在流行一种对培训的看法："上课时激动，下课后心动，回去以后一动不动。"为什么培训会出现这种情况？原因在哪里？
2. 部分大企业认为，给经销商培训，需要花十几万元甚至几十万元请名人老师培训，这样厂家在经销商面前才有面子。如某知名家电企业，花了 20 万元请了一位讲感恩的老师培训了 3 小时，现场确实也有部分人被感动得流眼泪。但是，培训结束后，经销商回去后，在经营方式上有什么变化呢？有没有学到新的经营管理方法呢？你如何看待这家企业的这场培训？
3. 大多数经销商的培训现场是这样的：培训期间，老师在上面讲得热火朝天，经销商却在下面进进出出、接听电话、左顾右盼、交头接耳，培训现场一片混乱。为了控制培训现场的秩序，有的厂家在培训现场安放手机屏蔽器，有的对接听电话的经销商罚款，有的锁上门不允许进进出出……经销商培训为什么会出现这种情况？如何控制培训现场的秩序？如何提升培训效果？
4. 培训经销商和培训员工不一样。无论请什么样的老师培训，只要领导在，员工就会自觉地认真听课。但给经销商培训就不一样，经销商素质参差不齐、年龄偏大、学习热情和主动性不高、小富即安、自以为是……针对经销商群体的特殊性，为了确保培训效果，需要找一位能够让经销商主动认真听课的讲师。你认为，这样的讲师有什么样的标准？如年龄、过去的职位、经营管理理论知识和实践经验、过去的培训客户评价……

第9章

员工协销激励

厂家派销售代表帮助经销商解决日常销售工作遇到的问题，维护区域市场销售秩序，让经销商更加有安全感，经销商就会重点投入该产品的市场销售工作，厂家也会获得更多的销量，真正实现厂商共赢。

——梅明平

企业痛点

★ 销售人员不知道如何处理好与经销商的关系，不是把经销商当“上帝”，事事依着经销商，就是把经销商当“孙子”，对经销商不管不问。

★ 对所管理的区域市场价格混乱的现象，很多销售人员视而不见，经销商也束手无策，致使区域市场价格一路走低。

★ 窜货管理一直是令人头痛的事情。因牵涉多方利益，处理起来总会得罪人，甚至两方都不讨好，面对窜货，销售人员不知道如何是好。

★ 经销商欠款越来越多，不知道如何催款。把经销商逼得太紧，不利于进行合作，不逼经销商又完不成回款任务，销售人员左右为难。

本章重点

阅读本章后，你能够了解：

- 客情关系的 3 个层面、4 个层次和 3 类对象
- 打造良好客情关系对业务员的 5 个要求
- 合理管理经销商库存的 5 个方法
- 价格管理的 6 种策略
- 回款的 3 种策略
- 窜货处罚的 4 项原则
- 沟通谈判的 3 个要求

客情关系

客情关系概述

客情关系，是产品、服务提供者与其客户之间的情感联系，是公共关系和关系营销的一个分支。良好的客情关系需要建立、发展、维护，其在销售过程中的

作用十分显著，是厂家和经销商之间的情感纽带。

客情关系的 3 个层面：第一层面是印象，即日常的表现、交往方式和沟通技巧；第二层面是合作，即公司的物质资源、相关政策与经销商资源的合作；第三层面是感情，即工作年限、对经销商的投入、投其所好等，如图 9-1 所示。

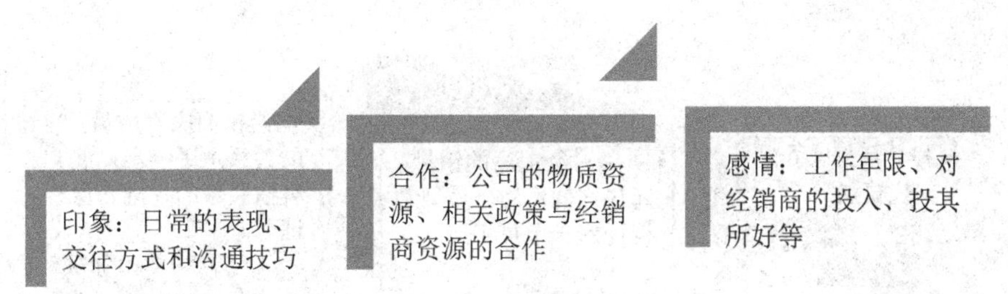

图 9-1 客情关系的 3 个层面

客情关系的 4 个层次：第一个层次，帮客户做事，感动客户；第二个层次，与客户聊天，发现客户兴趣点；第三个层次，解决客户问题，成为客户顾问，重点在发现客户问题；第四个层次，“客情关系”转变为“亲情关系”，如图 9-2 所示。

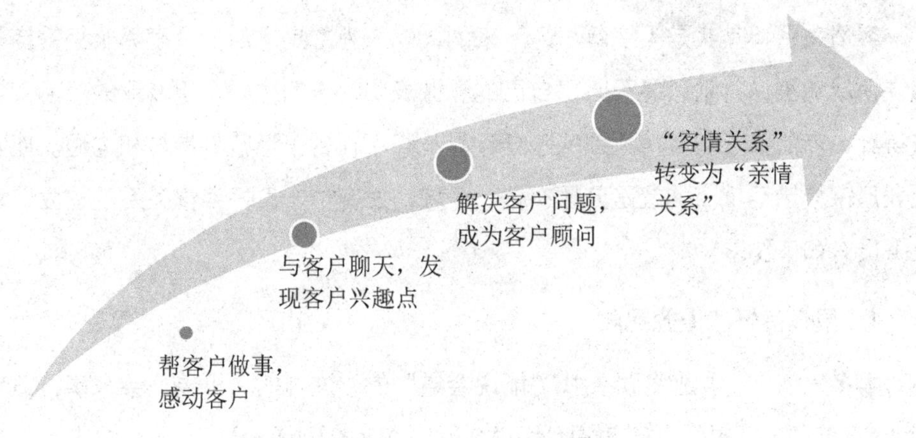

图 9-2 客情关系的 4 个层次

客情关系的 3 类对象：第一类对象是经销商本人，要投其所好，了解其优缺点；第二类对象是经销商员工，员工对经销商的销量起决定性作用，不要忽视任何一个员工；第三类对象是经销商家庭成员，与经销商家庭成员的关系是进一步发展客情关系的基础和保证，如图 9-3 所示。

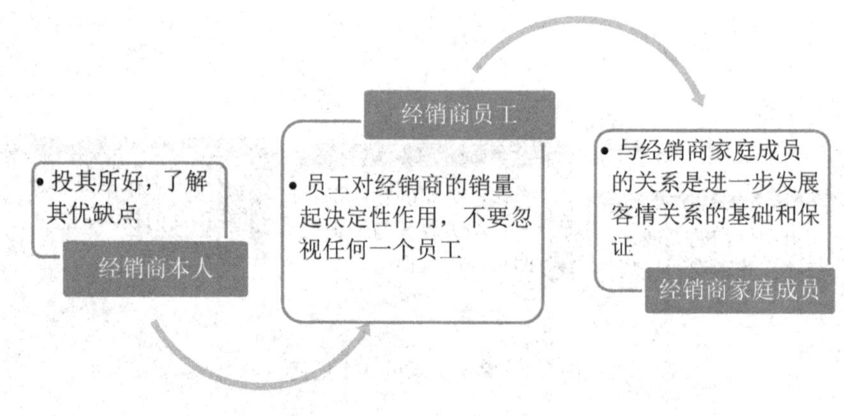

图 9-3　客情关系的 3 类对象

对业务员的要求

客情关系，其实是围绕着“人”来的，以人为本是本质。没有哪个经销商随随便便就能被你打动，要不断用自己的真诚表明合作的决心，用专业的产品知识取得经销商的信任。客情关系的建立，离不开人在各个环节的参与和沟通。能够代表厂家接触经销商的就是分散在各个区域的业务员，良好客情关系的建立，对业务员有如下要求。

1. 具有良好的道德品质

很多人以为，挑业务员要找“能说会道”的，这样的人机灵、会来事，适合跑业务。而在实践中，并不见得“能说会道”的业务员就一定业绩好。笔者认为，营销技巧是可以培训的，但是，一个业务员发自内心的真诚、责任感，是培训不了的。良好客情关系的建立更多取决于个人的道德品质及价值取向。作为一名业务员，除了把工作作为谋生手段外，更应该具备责任感。责任感，其实就是责任心和执行力的问题。如果一名业务员将自己的工作从“谋生手段”上升为“事业”，从而将个人与企业的生存融为一体，那将无往而不胜。能建立良好客情关系的一定是具备这种精神的人。做一件真正让经销商佩服的实事，不要流于口头，从思想和行动上引导、改变经销商。

2. 具有丰富的产品知识

一个连自己产品都不清楚的销售人员又怎能取信于经销商？经销商对你产生不信任感，是不会买你的产品的。所以，一名业务员应该掌握更多的产品及技术知识。

3. 具有实战的营销技巧

营销技巧之类的话题，在许多理论书籍中都有阐述，但真正落实到营销实践中，技巧是千变万化的，因人、因事而异。良好客情关系的建立离不开营销技巧的推动。

【案例 9.1】不起眼的销售人员很快获得经销商的信任

公司销售人员小童负责协助某经销商。由于他年纪较小且貌不惊人，经销商口中不说，但是明眼人能看出来，他没有把小童放在眼里。

小童在了解了经销商的大致情况后，直接到乡镇去调查市场。经过两天的走访，小童回去和经销商详细沟通，并且制订出一套适合本市场的促销方案，实施结果大出经销商的预料，经销商相当满意。后来，小童无论说什么，经销商都非常配合，两人成了无话不谈的好朋友。

4. 换位思考

在不损害厂家利益的情况下，为对方考虑。现在，我们在诸多的谈判场合都能听到“双赢”这个词。建立良好客情关系，必须心存“双赢”的理念，在条件允许的情况下，实现换位思考。换位思考的目的并不是想着如何满足对方的利益，而是要站在对方的角度想，他为什么这样做。比如，他不给我们货款的原因是什么，是故意刁难，还是有实际困难？

5. 关怀经销商

用心于细节，可能一件小事就能改变一个人的观念，没有人能拒绝真正为他着想的人。现代社会，锦上添花的多，雪中送炭的少，如果在关键时刻你能帮经销商一把，那么他一定会死心塌地主销你的产品。

客情关系的维护

客情关系的建立，只是工作开始的第一步，更重要的是发展和维护。市场千变万化，客情关系也随时有可能发生改变。客情关系并不是能够精确量化的指标，但是要想做好客情关系维护，就必须有一定的指标去考核客情关系维护的努力程度。

1. 客情关系维护工作

（1）每月最少拜访经销商 1~2 次。

（2）业务人员在经销商所在地出差的，每天到经销商处走访一次。

（3）除了日常事务外，每周能为经销商解决一个实质性的问题。

（4）业务人员回公司期间，每周与经销商处每个相关人员电话联系一次。

（5）建立 VIP 经销商档案，对 VIP 经销商每逢元旦、春节等重大节日必须问候并准备相关小礼物。

（6）经销商处工作人员尤其是业务员变动的，尽快对新调动的人员进行拜访，并向公司反馈信息。

2. 处理原则

（1）迅速反应。一旦经销商出现任何问题，及时反应，不要让经销商一直求助但是找不到人。求助无果，经销商容易失去信心。

（2）不做争辩。事情的发生总是有原因的，要想着如何解决，而不是与经销商争辩到底是谁的过错。

（3）诚实应对。处理事情要诚恳，实事求是。找到处理事情的事实依据，不能主观随意。

（4）及时反馈。及时向经销商反馈厂家对事件的处理进程，让经销商看到事情的进展，切忌不接听经销商电话。

3. 客情关系的误区

业务员把在市场中遇到的问题或销量下降等问题，全部归罪到经销商头上，不去找方法解决，抱怨较多。回避和逃避问题，明知问题出在哪里，却消极对待，不去解决，导致厂商矛盾升级。

客情关系是一把双刃剑，虽不能保证直接的销售业绩，却是良好销售业绩的催化剂。但是，过度的客情关系会导致公司客情关系的流失。就怕有的业务员，一到市场上，什么都不做，忙着跑客情。要知道，客情关系是你要在做好本职工作的基础上去做的事情，是点缀而不是主体。

经销商库存管理

经销商保持库存的目的：一是为了保持销售过程的连续性；二是分摊订货费用；三是快速满足用户订货需求。

库存管理不当的危害

厂家把产品卖给经销商，所有权发生了转移，但并没有实现真正意义上的销售，厂家需帮助经销商再次销售。正如消化不良会影响其他器官的正常工作一样，如果经销商的仓库积压了一些不健康的库存，就会产生一系列的危害。

（1）会导致经销商的资金占用成本增加，滋生窜货现象，最终客户的订单不能按时交付的现象越来越严重，客户满意度下降。

（2）会导致库存压力增加且仓库管理成本增加。

（3）如果厂家承诺给经销商的质保期从产品销售后的那一时刻算起，那么经销商的质保期会因渠道库存积压大打折扣。

合理管理经销商库存的方法

合理管理经销商库存的方法如图 9-4 所示。

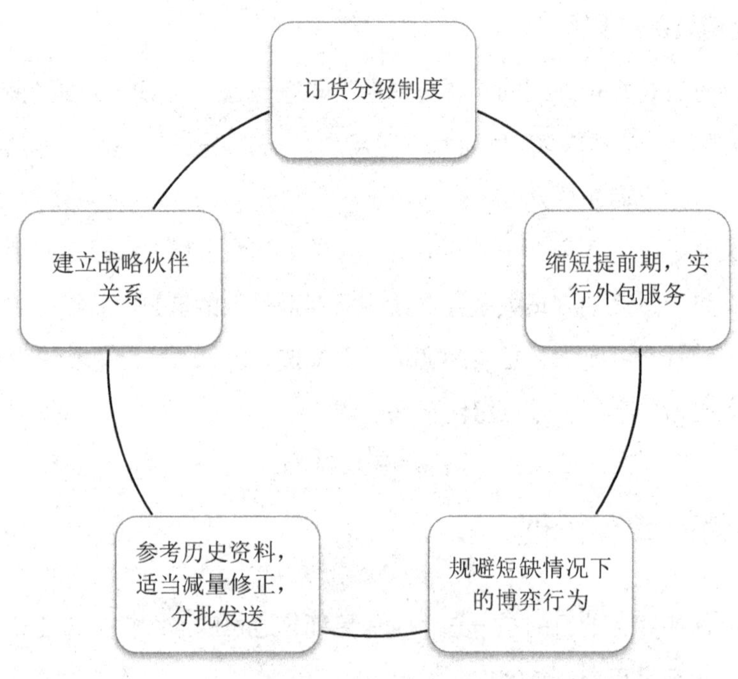

图 9-4 合理管理经销商库存的方法

1. 订货分级制度

从厂家的角度看，并不是所有经销商的地位和作用都是相同的。按照帕累托定律，他们有的是一般经销商，有的是重要经销商，有的是关键经销商，而且关键经销商的比例大约占 20%，却实现了 80%的销量。因此厂家应根据一定标准将经销商进行分级，对于不同的经销商划分不同的等级 A、B、C，对他们的订货实行分级管理。

比如，对于 C 类经销商的订货实行满足管理，对于 B 类经销商的订货进行充分管理，对于 A 类经销商的订货实现完美管理，这样就可以通过管住 A 类经销商和 B 类经销商来减少经销商订货需求不确定性带来的影响；在供应短缺时，可以优先确保 A 类经销商的订货。

【案例 9.2】

3M 公司为其 A 类经销商提供完美订货服务。为了提高服务质量，确保 A 类经销商的需求，3M 公司推行了一种称为“白金俱乐部”的服务措施。3M 公司对“白金俱乐部”的成员提供了各种意外事故保障措施，以便在主要供货地点缺货时，能够获得所需的存货来完成“白金”客户的订货。这些保障措施包括从次要的储备地点将存货转移出来，以及在世界范围内搜寻 3M 公司其他仓库设施中的存货。一旦这些应急措施就绪，立即利用溢价运输服务来安排直接递送，甚至在特殊情况下，3M 公司还会借用已出售的货物来供给“白金”客户。3M 公司这样做的目的就是要保证在任何情况下都能为 A 类经销商提供完善的订货服务，增强 A 类经销商的信心，营造良好的市场氛围，减少订货需求放大。

2. 缩短提前期，实行外包服务

一般来说，订货提前期越短，订量越准确。根据沃尔玛的调查，如果提前 26 周进货，需求预测误差为 40%；如果提前 16 周进货，需求预测误差为 20%；如果在销售时节开始时进货，则需求预测误差为 10%。通过应用现代信息系统可以及时获得销售信息和货物流动情况，同时通过多频度小数量联合送货方式实现实需型订货，从而使需求预测的误差进一步降低。使用外包服务，如第三方物流也可以缩短提前期，并且使小批订货实现规模经营，这样经销商就无须从同一个厂家那里一次性大批订货。虽然这样会增加额外的处理费用和管理费用，但只要所节省的费用比额外的费用多，这种方法还是值得应用的。

3. 规避短缺情况下的博弈行为

面临供货不足时，厂家可以根据经销商以前的销售记录来进行限额供货，而

不是根据订购的数量，这样就可以防止经销商为了获得更多的供货而夸大订购量。

通用汽车公司长期以来都是这样做的，现在很多大公司也开始采用这种方法。在供不应求时，经销商对厂家的供货情况缺乏了解，博弈的程度就很容易加剧。与经销商共享供货能力和库存状况的有关信息能减轻经销商的忧虑，从而在一定程度上可以防止他们参与博弈。但是，共享这些信息并不能完全解决问题，如果厂家在销售旺季来临之前帮助经销商做好订货工作，他们就能更好地设计生产能力和安排生产进度，以满足产品需求。

4. 参考历史资料，适当减量修正，分批发送

厂家根据历史资料和当前环境分析，适当削减订货量，同时为保证需求，可使用联合库存和联合运输方式多批次发送。这样，在不增加成本的前提下，也能够保证订货的满足。换句话说，在每个周期里，零售商如果订货使得现有库存提高到同样的固定水平的话，则厂家所看到的订货常常正好等于零售商所看到的用户需求。因此，厂家所看到的订货上的可变性常常正好等于用户需求的可变性。

5. 建立战略伙伴关系

厂家与经销商在战略上形成伙伴关系，就能够分享供应链内的信息和库存管理的方式。

经销商价格管控

价格管控主要是对经销商的销售价格进行控制。厂家一般都会设立红线价格，经销商的售价不得低于该价格。当然，过高的售价也是不被厂家允许的，厂家必须要将价格控制在合理的范围之内。

价格管控原则

（1）厂家向签约经销商出具出厂价，如未特别注明是含税的，则一律视为不

含税价。

（2）所有非厂家人员不得在网上销售任何厂家的产品。厂家确保网上销售资格的唯一性，并确保厂家网上销售产品的零售价与实体渠道价格体系保持一致。

（3）所有厂家渠道成员，包括经销商、批发商和零售商，确保价格符合厂家的价格体系。

（4）所有批发商和零售商出现价格违规情况，由区域内与厂家直接签约的经销商负责，并承担违规处罚责任。

（5）出厂价格应在确保能满足渠道成员返利的基础上最后确定，而不是先确定价格，再让渠道成员在没有多少返利的情况下去销售。

（6）统一厂家所有产品的价格体系，如需要调整出厂价格，在年底前调整完毕，新的一年采用新的价格体系。同时，要提前至少 1 个月通知经销商。

价格管控策略

分销渠道价格的管理、渠道网络安全的维护，不仅关系到厂家的利益，更关系到经销商的利益。

1. 拉动市场需求

供大于求是导致价格竞争的根本原因。实施品牌战略、提升品牌形象、拉动终端需求，能够为有效避免价格竞争和渠道冲突奠定基础。

2. 建立厂商共赢理念

传统的厂商理念存在厂家和经销商之间利益的博弈，无法让双方都满意。厂商共赢理念是现代企业观的体现，共赢的思想跳出了原来狭隘的竞争观念，并非你死我活的斗争，而是优势互补，你满意我也发展。而且不仅利益共享，还要风险同担，假如出现亏损，也同样可依责任大小进行量化计算。

3. 变交易为合作

厂家和经销商合作关系的破裂及经销商之间良性竞争局面的破坏，很大程度上是由于相互之间缺乏沟通了解和信任，导致意见分歧，认为他方的置信度不高，担心自己投入过多将产生更大的损失，更注重短期利益，难以建立长期合作关系。厂家与经销商之间是长期合作关系还是单纯的交易关系，决定了双方对价格竞争的态度与行为模式。加强了解和相互信任是搞好合作关系的基础。

4. 加强违约惩罚

签订有关合同或协议，加大违约惩罚力度，实施严格的销售渠道管理是双方合作的保障。一般来说，厂家和经销商在签订产品经销合同或协议时，双方会对价格做出约定。价格条款包括厂家的供货价、经销商应遵循的指导价，以及价格违规的责任赔偿。指导价通常应具有一定弹性，不能把价格控制得太死，要允许价格在一定范围内波动，发挥价格对产品流通所起的有利作用，同时价格的弹性范围也不宜过大。此外，在厂家的指导下，经销商之间通过签订价格自律协议、不冲货协议，可以形成合作博弈局面，避免经销商之间的价格竞争和冲货现象。

【案例 9.3】某公司的价格管理处罚细则

价格管理处罚细则

判定标准	违规描述	处罚措施
违反价格体系	第一次违规	全国通告；扣除该季 50%返利；停止发货直至价格恢复
	第二次违规	全国通告；扣除该季全部返利；停止发货直至价格恢复
	第三次违规	停止发货并当月取消经销权

5. 合理制定人员考核机制与折扣策略

改变区域市场销售人员考核机制，合理运用折扣策略，可有效缓解分销渠道的价格竞争。

一般来说，区域市场销售人员的考核以销量为最重要的指标。在销量指标压力大的时候，区域市场的销售经理往往会采取一些短视手段，利用销售政策资源，如阶段性扣点——在某个时间段内，经销商累计销量先达到某个水平的，可返回多少个百分点的折扣；单次进货梯级扣点——经销商单次进货量达到某个水平的，给予较高折扣，单次进货量较低的，则给予较低的折扣，让经销商购买超出其同期消化能力的产品。这时，库存的压力会导致经销商低价批售，加重低价竞争的状况，原有价格往往被破坏。如果对销售人员的考核加入当地市场价格水平的考核，这种情况会得到有效改善。

在折扣策略的运用上，应当注意以下几点：扣点的多少，要以既能够有效刺激经销商的销售积极性，又不至于造成经销商的大量屯货为原则；在产品的推广期和成长期，可采用上述梯级折扣手段来刺激销售，使产品迅速占领市场，而在产品的成熟期、价格最混乱时不宜采用梯级扣点，而且尽量不采用现扣、账扣形式，应多采用无差别阶段扣点、模糊扣点等手段，并以实物形式事后返还，否则就会加剧经销商价格竞争的激烈程度。

6. 限量供应

遵循价值规律，适时限量供应，能有效提高整个市场的价格水平。在现实操作中，运用限量供应手段来提高市场价格的厂家往往是富于远见的，也往往是市场的领先者。他们意识到，如果某产品的价格竞争不断加剧、市场价格水平不断下滑的趋势不能被有效遏止的话，会导致供货价格的降低，最终会导致产品寿命的提前终结。因此，他们针对低价竞争最严重的产品，可能会不惜牺牲短期销量和此单一产品的市场份额，限量供应该产品以求价格回升，从而提高经销商的经销利润。

价格管控难点

零售商的价格违规相对比较容易发现，主要问题存在于批发环节中。很多交易是暗中进行的，厂家很难抓住真凭实据。尤其在厂家控价措施严厉时，经销商低于限价销售的行为非常谨慎。不熟的客户宁可不做生意，也不会低于限价销售；只有当老客户上门时才会卖出较低的价，而且开票价格一定是符合厂家要求的。所以，厂家往往在价格违规的侦查和确认上投入大量人力、物力。

【案例 9.4】立邦聘请第三方督查市场价格

立邦成都办事处在控价过程中，聘请了第三方市场调查公司进行调查。市场调查公司人员携带微型录音机、摄像头，装扮成客户去打探价格。即便这样，也只能在零售环节较有效地逮住和确认违规，而在批发环节就很难做到了。由于所有处罚的依据都来自违规的确认，所以厂家若要有效地维护、控制价格，就必须在搜集证据上多下功夫。录音、摄像、票据、发动经销商互相检举等都不失为切实可行的办法。

价格管控误区

1. 不做价格调控

产品的流通价格完全依靠市场机制调节，不做任何人为调控，任由经销商相互杀价，放任自流。甚至为了完成销售指标，暗中鼓励经销商低价竞争，完全不顾经销商的合理利益。

2. 价格控制得越严越好

这种想法和做法普遍存在，它往往是厂家在深受价格混乱之苦、深刻认识了恶性低价竞争的危害后在认识上发生偏差、偏离了价格管理的真正目的而走入的另一个误区。厂家认为流通价格应该严格按照厂家的规定和设计执行，不能有任何波动，这样最有利于市场发展。与不做价格调控相比，这是另一种极端做法，是一种类似于计划经济的没有任何弹性的做法，为了控价而控价。

事实上，将价格控制死是不利于市场发展的。市场价格在合理范围内波动有利于市场流通，可以充分发挥价格在流通中的杠杆作用，尤其对空白区域的产品覆盖大有好处。同时，将价格控制死的想法是不易达成的，它违背了市场规律，也让厂家付出了不必要的人力和物力，而且容易损害客情关系，使厂、商对立。

3. 只限低价，不限高价

由于市场价格混乱，经销商利润减少，部分经销商转投其他品牌或重心转移，就得出结论——应提高经销商的利润水平，价格卖得越高越好，其实不然。经销商利润率太低会影响销售网络安全已是不争的事实，而利润率太高会形成较高的零售价格，也不利于产品的销售。

经销商货款管理

回款困难的原因

厂家对业务员考核的重要指标之一就是回款，但是不回款的现象非常常见，原因是什么呢?

1. 厂家方面的原因

（1）销售政策、资源吸引力不够。厂家很多时候是以销售为导向进行政策制定的，如果政策或资源投放没有多大优势，对经销商没有多少吸引力，就很难说服经销商回款。

（2）厂家支持条件过高。厂家虽然会出台相关的销售政策或投入一定的资源帮助经销商进行销售，但这些政策一般都附有较高的条件和门槛。即使经销商想配合完成任务，但是由于门槛限制，却怎么也达不到要求，导致销售惨淡，无力回款。

（3）市场秩序混乱。窜货、低价横行，分销速度难以提升，库存过大，经销商的经营利润得不到保证。如果厂家没有业务员或相关举措帮助分销的话，想让经销商回款是十分困难的。

（4）厂家人员变动过于频繁。频繁的人事变动也会影响经销商对厂家的信任和正常业务工作的开展。

2. 经销商方面的原因

（1）缺乏资金。缺乏资金的原因很多，如有的经销商希望多一些流动资金，故意不给厂家回款；有的经销商由于库存太大，分销困难，下一级资金没有回笼，自然不愿意也没有办法给厂家回款。

（2）主推其他品牌。经销商一般都不会只经营一家品牌，如果厂家的产品恰好不是经销商主推的，那么经销商一般不会优先考虑给厂家回款，现金资源也会优先考虑自己主推的品牌。所以要想迅速获得回款，就需要把销量做上去，让经销商认可。

回款策略

想让经销商回款，最好的方法还是让自己的产品变为畅销品，结合厂家政策和资源支持，尽量将回款制度化。下面给销售人员分享一些回款技巧。

1. 说服厂家投入资源，让经销商回款

厂家适当地做些宣传推广，私下给些个人激励，如运输补贴、仓储补贴，申请些场地费等，就会对经销商达到“四两拨千斤”的效果。但是，很多资源都捏在厂家领导的手中，需要业务员动脑筋从领导手中为区域经销商争取资源。

2. 强制回款

培养经销商后备队，在经销商确实没钱的情况下有新的回款来源，避免“在一棵树上吊死”。学会让第三方说话，如以取消代理权为威胁的时候，要第三方经销商说出来的效果往往大于面对面的威胁；适当的时候直接引入经销商之间的竞争，如让 A 知道 B 的回款情况，并让两家竞争代理权或资源支持。

3. 依靠客情关系

如果业务员与经销商客情关系处理较好，经销商甚至会看在业务员的面子上回款。前提是经销商和业务员之间的“交情”十分深厚，也不愿意看到业务员左右为难。这对业务员发展和维护客情关系的能力要求较高，而且需要一定的时间去培养。

经销商窜货管理

防窜货政策的重要性

在客户咨询过程中，通过对经销商进行调查走访，我们发现经销商对于防窜货的呼声非常高，如在对广东某公司经销商进行调研时，严格的窜货管理制度的重要性排在第3位，得分94.6分。可见，防窜货政策是经销商非常需要的。

分析竞争对手的防窜货政策

对竞争对手的防窜货政策进行分析，有利于制定更加行之有效的防窜货政策，取长补短，同时也是做到知己知彼的关键。

【案例9.5】A公司对竞争对手防窜货政策的分析

1. 竞争对手B的防窜货政策

（1）乙方必须在指定的区域内开展销售工作，并严格执行甲方规定的区域价格，不得跨区域销售或恶意压价。

（2）若投标工程需要，在不与销售所在地协议经销商产生冲突的情况下，可及时向甲方申请，经甲方同意后才可进行销售，执行跨区优惠政策。

2. 竞争对手C的防窜货政策

（1）乙方只能在允许的区域内经销甲方产品，严禁跨区域窜货。

（2）在特殊情况下，乙方应及时向甲方报备，并经甲方审批同意。

（3）否则，甲方有权对乙方处以窜货额度最高50%的罚款，并有权取消乙方所有折让及经销权。

防窜货政策的制定

1. 窜货处罚原则

（1）窜货处罚。以全国通告、控制供货量为主，以罚款为辅。

（2）窜货证据收集。由经销商收集，上报厂家市场督查部确认，或者由市场督察部成员寻访市场时发现并与区域经销商共同确认。经销商在没有收集到窜货证据的情况下，只是口头投诉的，厂家不予受理。

（3）经销商负责制。区域内所有分销商的窜货，由该区域经销商负全部责任。

（4）厂家负责制。全国的窜货，由厂家负全部责任。

2. 窜货定义及责任人

（1）窜货。产品不在经销合同所属区域内销售、储存和流通，均属于窜货。

（2）直接窜货。与公司直接签订合同的经销商发生的窜货，属于直接窜货。

（3）间接窜货。通过合同所属区域内的批发商、专卖店、零售商发生的窜货，属于间接窜货。

（4）连锁店窜货。第一种情况，由总部直接配送的连锁店，产品应由与总部签订合同的经销商配送，如该连锁店延伸到了其他经销商的区域，则不属于窜货。但前提条件是需要向厂家总部报备确认才能生效，否则也属于窜货。第二种情况，合同需由总部直接与其所在地的经销商签订，但配送不由总部直接配送的连锁店，如该连锁店延伸到了其他经销商的区域，连锁店的供货应由当地所在区域的经销商供货，否则属于窜货。

（5）工程跨区供货。按照原有政策执行。

（6）窜货责任人。凡发生窜货，无论是直接窜货还是间接窜货，均由该区域与厂家直接签订合同的经销商承担窜货责任。

3. 编码

（1）选择部分流通性强的产品进行编码。

（2）在外包装盒上打上产品编码。

（3）采用变动码。

4. 窜货处理人

（1）由市场督察部进行处理。

（2）销售人员不负责处理窜货。

5. 窜货证据

（1）窜货投诉人必须收集窜货证据，才能进行投诉申告。

（2）有效的窜货证据包括窜货者供货单、有窜货编码的产品和其他证据等。

6. 窜货处罚标准

窜货处罚标准的例子如表 9-1 所示。

表 9-1 地区经销商窜货处罚标准

次　数	供货量限制	上缴罚金	停止供货	行政处罚
第 1 次	供货任务的 100%	5 000 元	停止供货直到解决	全国通告
第 2 次	供货任务的 90%	1 万元	停止供货直到解决	全国通告
第 3 次	供货任务的 80%	2 万元	停止供货直到解决	全国通告
第 4 次	解除合同			
说明	1. 返利标准中如有无窜货返利、无低价返利，在季返利中同时扣除 2. 如果限制供货量，则窜货者会损失“完成季度任务追加返利”			

7. 市场督察部职责

（1）检查处理市场违规情况。处理经销商的投诉，检查处理市场违规事件（窜货、低价和市场价格问题）。

（2）检查销售费用的使用情况。如店招制作费。

（3）检查销售人员的市场工作状况。如铺货情况、促销情况、经销商评价等。

（4）检查经销商的类型。

沟通谈判

厂家可以从 3 个途径增加利润：卖出更多的产品；不断降低生产运输等各个环节的成本；依靠业务员出色的谈判技巧实现产品巧卖、快卖。这里，我们对业务员的谈判技巧提出了一定的要求。

1. 了解谈判对象

对于业务员来说，谈判对象就是经销商。业务员需要关注经销商的需求。实践中，业务员总是以自身需求为导向，想要尽快拿到回款以完成任务指标，而对于经销商的需求，不是束手无策，就是不放在心上。在谈判中，经销商的需求一般就是增加利润或需要厂家提供一些政策、资源支持。这要求业务员在谈判一开始就要敏锐察觉经销商的需求点，然后集中精力设身处地为经销商着想，通过分析，找到解决经销商问题的方法。

2. 确定谈判态度

在商业活动中面对的谈判对象多种多样，我们不能拿出同样的态度对待所有谈判。我们需要根据谈判对象与谈判结果的重要程度来决定谈判时所要采取的态度。如果谈判对象对企业很重要，如长期合作的大客户，而此次谈判的内容与结果对企业并非很重要，就可以抱有让步的心态进行谈判，即在企业没有太大损失与影响的情况下满足对方，这样对于以后的合作会更加有利。保持一种友好合作的心态，尽可能达到双赢，将双方的矛盾转向第三方。比如，市场区域的划分出现矛盾，那么可以建议双方一起或协助对方去开发新的市场，扩大区域面积，将谈判的对立竞争转化为携手竞合。

3. 建立融洽的谈判氛围

在谈判之初，最好先找到一些双方观点一致的地方并表述出来，给对方留下一种彼此更像合作伙伴的潜意识。这样，接下来的谈判就容易朝着一个达成共识的方向进展，而不是剑拔弩张的对抗。当陷入僵局时，也可以拿出双方的共识来增强彼此的信心，化解分歧。也可以向对方提供一些其感兴趣的商业信息，或者对一些不是很重要的问题进行简单的探讨，达成共识后，双方的心理就会发生奇妙的改变。

更多的谈判技巧，业务员可以通过专门的课程或书籍学习，本书不做过多叙述。

总结案例

晓宇到医院看望经销商

山东某市场一经销商在做促销，该经销商销量很大，当时有很多厂家业务员在促销现场蹲守。一天上午，晓宇按惯例很早到经销商处后，门店人员说经销商病了，在医院输液，许多厂家业务员听后都回宾馆休息了。晓宇随即买了些营养品去医院看望经销商，经销商很感动，当时没有其他厂家的业务员去医院看她。经销商出院后给其送货人员开会，说要晓宇公司的产品。结果，晓宇公司的产品在经销商所经销的同类产品中销量冲上第一，后续几年的工作在该经销商处开展得都很顺利。

小技巧：这里给业务员一些能够快速获得经销商的信任、给客情关系加分的小建议：

（1）树立专业形象。穿着整洁，随身携带工作包，装产品目录、价格表、销售政策、计算器、盒尺（寻找到合适的广告位置时随时测量尺寸）、抹布（随时擦拭样机等）等；不要因为跟客户熟了就不注意形象，一个业务员代表的是厂家，应该讲究职业化。如果是非上班时间，则另当别论。

（2）建立专业的拜访流程。有的业务员只在促销或需要回款的时候才去拜访客户，有的业务员拜访客户也就是聊聊天、交流交流感情。我们认为，除此之外，拜访更是一个发现问题、解决问题、收集信息和建立信任的过程。还要注意拜访规律化，可以按照时间做一个拜访计划，这样客户也就大概知道业务员什么时候过去，有什么问题可以找业务员解决。

（3）运用专业的销售工具。业务员需要自己建立客户档案，随时掌握客户动态。这些工具包括但不限于基本信息、广告信息、人员情况、经营情况和合作备忘录等。笔者始终认为，能说会道固然很好，但在客情关系中，做，永远比说更重要。

思　考

1. 客情关系的最高境界是亲情关系。作为厂家的销售代表，如何才能做到？请列出 10 条行动计划。
2. 价格管控有哪些误区？
3. 想要经销商回款，有哪些回款策略？
4. 窜货有哪些形式？

第 10 章

厂商共赢委员会激励

厂商共赢委员会，是厂家快速而及时地了解经销商需求和问题的最佳途径。经厂商共赢委员会讨论通过而出台的厂家销售政策、新产品，会大大激发经销商的销售热情，让广大经销商真正感受到有自己的组织。同时，也防止厂家的政策和新产品出现严重的错误。

——梅明平

企业痛点

★ 厂家出台的销售政策不受经销商欢迎
★ 厂家推出的新产品经销商没有销售积极性
★ 厂商双方立场常常不一致
★ 经销商抵制厂家推出的新产品
★ 经销商之间的沟通少
★ 经销商没有共同管理市场秩序的意识
★ 经销商的问题很难反馈到厂家领导层
★ 经销商不关心厂家的发展
★ 经销商没有自己的代表与厂家定期沟通
★ 没有实现厂商共赢的沟通协调机制
★ 经销商没有归属感

本章重点

阅读本章后，你能够了解：

- 厂商共赢委员会的 3 个好处
- “有限理性”理论
- 厂家协助建立经销商组织的 7 个优势
- 厂商共赢委员会的 10 项工作职责

厂商共赢委员会概述

厂商共赢委员会由经销商顾问委员会演化而来。新蓝海咨询公司结合经销商顾问委员会的优势与不足，进行优化，创造性地提出了厂商共赢委员会的新概念。

伯特·罗森布罗姆认为，经销商顾问委员会是“发现渠道成员需求与问题”

的一种好的组织形式，目前在国外有许多公司采用，如 Anheuser-Busch 公司（世界上最大的啤酒厂家），Caterpillar 公司（挖掘设备行业巨人）等。另外，中国的日化公司立白也成立了类似的组织。

成立厂商共赢委员会的关键点

新蓝海认为，成立厂商共赢委员必须围绕以下关键点进行。

（1）必须以经销商为主体。

（2）必须建立在双方自愿的基础上。

（3）必须以谋取和增进厂商共赢为宗旨。

成立厂商共赢委员会的好处

（1）体现了厂家对经销商的重视。和大多数人一样，经销商希望在影响其利益的计划中能够发表自己的观点。因此，在经销商认为自己也参与制订了计划时，他们更能理解和支持厂家的行动项目。这种方式给经销商一种“始终了解”的感觉，增加了他们的安全感，从而有可能对厂家的利益产生更大的认同感。

（2）提供了一个确定和讨论厂商之间需求与问题的平台。

（3）能够增进整个渠道的交流。这有助于厂家对经销商的需求与问题有更好的了解，也有助于经销商对厂家的理解。

厂商共赢委员会的成立背景

理论背景

1.“有限理性”理论

根据美国心理学家，卡内基梅隆大学知名教授赫伯特·亚历山大·西蒙的“有限理性”理论，现实生活中作为管理者或决策者的人是介于完全理性与非理性之间的“有限理性”的“管理人”。在实际决策中，“有限理性”表现为：决策者无法寻找到全部备选方案，也无法完全预测全部备选方案的后果，还不具有一套明确的、完全一致的偏好体系，以使它能在多种多样的决策环境中选择最优的决策方案。

西蒙的管理理论关注的焦点，正是人的社会行为的理性方面与非理性方面的界限，它是关于意识理性和有限理性的一种独特理论——是关于那些因缺乏寻找最优的才智而转向寻求满意的人类行为的理论。

这个理论告诉我们，理性决策是有限的，如果厂家单方面进行决策，将承担较大的由不确定性带来的决策风险。另外，任何决策者都希望制订最优方案，但是这可能是天方夜谭，只有尽可能找到更多方满意的而不是最优的方案。厂商共赢委员会通过群策群力，双方代表共同参与，形成不一定最优却令厂商双方满意的方案。

2. 厂家决策类型

厂家的决策按照内容，可分为程序化决策和非程序化决策。

程序化决策就是那些带有常规性、反复性的例行决策，可以制定出一套例行程序来处理。比如，为普通顾客的订货单标价，办公用品的订购，患病职工的工资安排等。

非程序化决策则是对那些过去尚未发生过，或其确切的性质和结构尚捉摸不定或很复杂，或其作用十分重要而需要用现裁现做的方式加以处理的决策。比如，某公司决定在以前没有经营过的国家里建立营利组织的决策，新产品的研制与发展决策等。但是这两类决策很难绝对分清楚，它们之间没有明显的分界线，是像光谱一样的连续统一体。

成立厂商共赢委员会，主要帮助厂家进行非程序化的决策，如开发什么类型的新产品、产品如何定价、何时上市等。经销商比厂家更加贴近终端市场消费者，他们每日与消费者打交道，对消费者需求的了解也更多，他们的意见有助于减少决策失误。另外，厂家决策最终需要经销商在市场执行，经销商参与决策可以减少经销商对厂家政策的抵触，有利于厂家决策更好地执行下去。

3. 决策的目的和形式

西蒙认为，厂家在制订计划和对策时，不能只考虑“攫取利润”这一目标，必须统筹兼顾，争取若干个相互矛盾的目标一同实现。其决策理论以“有限度的合理性”而不是“最大限度的利润”为前提，应采用“符合要求”的原则。这一理论的典型例子有“分享市场”“适当利润”“公平价格”。

在决策方式上，他主张群体决策。群体参加决策的优点是，群体成员不会同时犯同样的错误，可以避免决策的失误。群体参加决策可将问题分成若干部分，分别交给专家处理，从而加速问题的解决和提高解决的质量。由于“对经济组织内的决策程序所进行的开创性研究”，西蒙在 1978 年获得诺贝尔经济学奖。

厂家和经销商都追求利润最大化，而两方利益本身就存在一定的冲突。厂商共赢委员会由厂家和经销商代表组成，充分考虑厂家和经销商的利益，追求在可实行情况下，厂家和经销商实现共赢，而不是厂家单方面考虑自身的利益最大化。同时，建立这种群体决策方式，降低决策风险，也为决策执行打下良好的基础。

4. 渠道沟通方式的作用

香港城市大学市场营销系教授周南等的研究也表明，厂家采用非强制性的正式沟通策略，会降低合作伙伴感知的渠道冲突，同时提升合作伙伴对双方合作的满意度。

实践意义

除了理论上的可行性之外，我们发现实际应用中，厂商共赢委员会还有如下实践意义。

（1）帮助厂家了解经销商需求，体现对经销商的认同。

（2）提供了一个确定和讨论厂家、经销商之间需求与问题的平台。

（3）能够增进整个渠道的交流，促进互惠互利。

（4）有助于增进经销商对厂家的理解。

（5）迅速反馈市场信息，形成经销商自律。

（6）处理市场违规事件，维护市场秩序。

（7）建立经销商之间、经销商与厂家之间的互信机制。

（8）减少经销商之间、经销商与厂家之间、厂家销售人员之间的矛盾。

（9）把厂家的销售人员从“解决经销商无休止的投诉”中解脱出来，专心于产品的销售。

【案例 10.1】约翰迪尔公司成立厂商共赢委员会

约翰迪尔公司（John Deere）创立于1837年，总部在美国伊利诺伊州莫林市，是全球领先的工程机械、农用机械和草坪机械设备的制造商。约翰迪尔在11个国家设有工业基地，全球雇员达4.3万人，产品行销160多个国家和地区，是目前世界最大的农业机械制造商和世界第二大工程机械制造商，位居世界500强前列。

2016年7月19—20日，约翰迪尔厂商共赢委员会会议在天津成功举办。来自全国的多位优秀经销商代表齐聚天津，与约翰迪尔中国市场部及产品工程、质量、采购、工厂运营等各部门，针对目前市场状况、公司及经销商的应对措施进行了深刻的讨论，制订了后续相关工作的行动计划。

约翰迪尔厂商共赢委员会由各地最具代表性的优秀经销商所组成，每年召开一次会议，已经召开了6届。约翰迪尔非常重视经销商委员的反馈和建议，在一年一度的会议中，共同分享产品规划和市场战略，与经销商共同商讨执行计划。约翰迪尔中国市场部总经理杨树亮鼓励经销商打造百年老店，他说：“经销商是约翰迪尔的战略合作伙伴，希望经销商关注并提升自身的核心竞争力，获得更加长久的发展。”

在本次会议中，与会的经销商委员代表各区域的经销商，在质量、经销商能力提升、零件、产品改进、融资等多个方面，与约翰迪尔各部门共同商讨行动计划。同时，约翰迪尔，就行动计划的执行情况定期与全国经销商沟通。

约翰迪尔中国区总裁刘镜辉对与会经销商的积极反馈和支持表示感谢。他在总结讲话中说：“感谢经销商在市场上保持高昂的斗志，与约翰迪尔并肩前行，共同为用户打造无与伦比的约翰迪尔体验。”

现实需要

1. 经销商自发建立组织的困难

（1）相互之间不信任。经销商主要通过二级批发商和零售商来消化产品，这些二级批发商和零售商从哪里进货没有明确的规定。为了找到更加便宜的进货渠道，他们会各处打听最近产品的市场价格，甚至不惜利用欺骗的手段挑起经销商之间的矛盾，最终达到渔翁得利的目的。

（2）相互之间不熟悉。由于经销商是厂家根据自己的需要所招聘的，厂家召开经销商会议的机会不多，经销商相互之间没有交流机会，造成经销商相互之间不熟悉。以致出现窜货等问题后，受害经销商只有求助于厂家的销售代表。

（3）没有时间聚会。一年 365 天，经销商几乎天天在工作，很少有时间自发组织聚会。

（4）地域间相距较远。渠道扁平化后，一般以县城或地区为标准设置经销商，经销商之间相距较远，给经销商相互沟通造成了一定的困难。

（5）没有一个组织者。这是厂商共赢委员会不能自发建立的一个最重要的原因。大家都希望拥有属于自己的行会，以保护好自己的切身利益，但谁都不愿意成为领头羊。

（6）对行会的重要性认识不一。由于经销商的素质参差不齐，实力有高有低，厂家所分配的销售计划大小不一，所以，经销商对行会建设的重要性认识各不一样。对于深受窜货和低价之苦的经销商来说，他们对行会的渴望程度就高，对于靠窜货来冲市场以维护其自身的销售网络的经销商来说，行会将会使他们失去部分利益。所以，在目前状态下，靠经销商自身来建立厂商共赢委员会的时机还不成熟。

2. 厂家协助建立经销商组织的优势

厂家协助经销商建立“厂商共赢委员会”具有明显的优势，相信厂家也乐于协助经销商建立起他们自己的组织。优势如下。

（1）经销商对窜货和低价销售恨之入骨。

（2）经销商需要利润。

（3）弱小经销商需要保护。

（4）经销商愿意配合厂家采取的各种“建立市场流通秩序”的措施。

（5）经销商希望团结起来的欲望非常强烈。

（6）经销商愿意遵守“厂商共赢委员会”的一切规范。

（7）经销商愿意接受“厂商共赢委员会”的监督、检查和处理。

3. 厂家竞争需要

在市场竞争中，厂家要想脱颖而出，生产消费者需要的产品是第一要素。而生产消费者需要的产品就是要了解消费者需求。竞争成功的第二要素，便是拥有一批向心力很强的经销商团队。这些都暗示着建立厂商共赢委员会的必要性。

厂商共赢委员会是市场经济发展的产物，是协调市场主体利益、提高市场资源配置效率的重要组织；是为达到共同目标而自愿组织起来的经销商团体；体现了经销商自我服务、自我协调、自我监督、自我保护的意识和要求。建立厂商共赢委员会势在必行。

【案例 10.2】经销商很欢迎建立自己的组织

广东省某著名日化厂家在一次经销商会议中推荐了厂商共赢委员会制度，受到了经销商的普遍欢迎，获得了意想不到的效果。经销商大会刚结束，各个区域的厂商共赢委员会便在会长的房间（会议期间所住的宾馆房间）积极召开了各自的第一次会议。为了维护大家的利益，他们第一次坐在一起，第一次相互之间有了初步的了解。会中各成员表达了自己的愿望，增强了防止窜货和低价销售的信心。会议极大地鼓舞了经销商的士气，增加了经销商对厂家的信任。相信厂商共赢委员会制度将会使市场的窜货和低价问题得到有效控制，达到真正实现厂商共赢的目的！

调研结果

笔者在对多家厂家的经销商进行调研时，让经销商表达对成立厂商共赢委员会的态度。从调研结果可以看出，经销商给的权重分比较高。可见，厂商共赢委员会是经销商非常需要的。

成立目的

（1）了解市场需求、经销商需求。

（2）发现产品、价格、渠道、促销、服务等方面的问题。

（3）有效激励经销商，让经销商有主人翁的感觉。

（4）促进经销商对厂家政策的理解和接受。

【案例 10.3】Anheuser-Busch 公司的厂商共赢委员会

Anheuser-Busch 公司是世界上最大的啤酒厂家。他们采用了一种有争议的渠道策略，并通过厂商共赢委员会来获取啤酒批发商对这一新策略的看法。Anheuser-Busch 公司这一名为“100%精神共享”的新项目的主要目的是使经销商完全放弃其他啤酒厂家的产品，而仅仅专注于 Anheuser-Busch 公司的产品，成为公司的专销商。通过厂商共赢委员会，公司发现经销商对这一新渠道策略的理解有很大偏差，很多经销商担心这样会使他们失去一些有利可图的竞争对手的“工艺啤酒”。通过厂商共赢委员会，经销商了解到“100%精神共享”在自愿而非强制的基础上执行，他们的顾虑有所缓解。当经销商了解到参与这一项目将会得到激励而不是胁迫之后，他们很多人对这一项目显示了合作的态度。

厂商共赢委员会的运作

组织架构

厂商共赢委员会应当由以下两方面人员组成。

（1）厂方。厂家方面的主要成员，包括主管销售的营销副总经理、销售总经理及销售部门的其他高层管理人员。

（2）经销商。经销商方面的主要代表，人数为所有经销商的 5%~10%。委员会的人数应当限制在能够使所有成员参加会议并交流意见。在设立厂商共赢委员会的时候，正常的程序是同时设立两位执行主席，一位由经销商选举产生，另一位由厂家销售部门的高层管理人员担任。图 10-1 是简单架构。

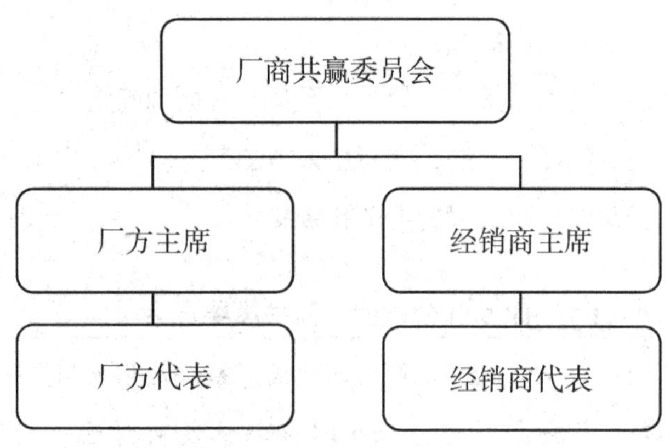

图 10-1 厂商共赢委员会架构

成员组成

厂商共赢委员会可参考如下人员设置。

1. 厂方代表 8 人

（1）厂方主席。由总经理或董事长担任。

（2）其他成员。销售部、市场部、财务部、研发部、客户服务部、物流部等各部门一把手担任。

2. 经销商代表 8 人

（1）经销商主席。由家人型经销商担任。

（2）其他成员。家人型 3 人、亲属型 2 人、朋友型 1 人、老乡型 1 人。

（3）成员来源。第一期由经销商代表提出申请，经厂方主席批准。后期日渐成熟之后，可以由经销商提出申请，然后报由厂家审核，最后在经销商大会上进行差额选举，以带动所有经销商积极参与，增进经销商彼此之间的熟识度。

小技巧：注意：在厂商共赢委员会成立初期，厂家根据经销商个人素质、销量多少、区域大小，以及在经销商中的影响等因素，指定厂商共赢委员会主席，由厂商共赢委员会主席组织召开厂商共赢委员会会议。当会议能定期正常开展工作后，可定期民主选举厂商共赢委员会主席。

资格认证

对于申请成为厂商共赢委员会代表的经销商，厂家必须对其任职资格进行审核。

（1）签约经销商在当地口碑良好，愿意友好合作。

（2）递交《厂商共赢委员会代表申请表》。

（3）符合厂家要求的经销商类型属性。

（4）经厂家高层审议，获得任职资格。

（5）签订任职协议。

（6）厂家颁发由董事长签字的资格证书。

（7）经销商合同期满，给予物质或其他奖励。

（8）任职期满身份取消，可通过选举连任。

【案例 10.4】××公司厂商共赢委员会主席聘任协议

甲方：××公司　　　　（以下简称甲方）

乙方：　　　　（以下简称乙方）

双方通过友好协商，达成如下协议。

一、委任厂商共赢委员会主席

1. 甲方委任乙方，乙方亦同意接受甲方委任，成为××公司____年厂商顾问委员会主席，任职期一年。

2. 本协议有效期自_____年____月____日起至_____年____月____日止，有效期为____个月。

二、乙方义务

积极主动组织召开厂商共赢委员会会议，提出会议主题，并号召经销商代表和厂家代表进行参与。组织会议各方就相关问题进行积极探讨，促进问题解决和会议圆满结束。

三、双方约定重要事项

1. 乙方作为厂商共赢委员会主席，必须保证在协议期间，积极组织各项活动，并及时发现并主动报告违规事件。违规事件包括低价销售、跨区域窜货、销售假冒伪劣产品等。

2. 乙方必须对委员会委员进行监督和管理。

四、费用

活动费用：为维护产品市场管理秩序，厂商共赢委员会定期召开会议，会议费用由甲方支付。

五、保密

本协议是双方相互合作的商业秘密，未经双方许可，不得外传。

六、奖励

任职期满，奖励_____万元或等值物品。

七、协议的生效及文本

本协议一式三份，甲方执二份，乙方执一份。本协议自甲乙双方签字盖章之日起生效，但不具法律效力。

甲方签字：　　　　　　　　　　　_____年____月____日

乙方签字：　　　　　　　　　　　_____年____月____日

工作职责

（1）制定厂商共赢委员会章程，包括制定入会申请和退会申请程序、会员的责任和义务等。

（2）定期召开会议。为便于经销商建立互信机制，经销商应定期举行厂商共赢委员会会议，回顾最近一段时间的市场情况，制定接下来的市场工作重点。

（3）现场办公。经销商代表反映情况，同时，厂方代表要尽量当场给予满意的答复。

（4）审议《经销商政策》，包括通过讨论制定和修改内容，最后由所有参与讨论的委员以少数服从多数的方式决定，并亲笔签名确认。

（5）根据市场行情和厂家原有促销方案，结合区域状况审议促销计划。厂商共赢委员会定期或不定期地讨论，以便经销商及时掌握市场状况。

（6）审议新产品开发计划，包括产品外观、功能、定价、上市时间等。

（7）审议厂家各季度广告宣传计划。

（8）审议厂家提出的经销商服务项目。

（9）审议厂家长期发展战略规划。

（10）其他事项。

会议活动安排

（1）每个季度至少召开一次会议。

（2）每次会议至少 2 天。

（3）会议选择在风景名胜所在地、样板市场、公司总部等地召开。

（4）会议形式是非正式的，减轻参会经销商的压力，如茶话会、座谈。

（5）每次会议后，厂家要向经销商代表赠送礼物。

（6）每次会议控制总人数。

（7）厂商共赢委员会最好有自己的会歌，歌曲内容必须积极、向上，每次开会都要起立，奏唱会歌。

（8）厂商代表经常联谊，畅通厂商沟通渠道，减少厂商冲突。

（9）厂商共赢委员会委员最好统一服装，以体现身份特殊性。

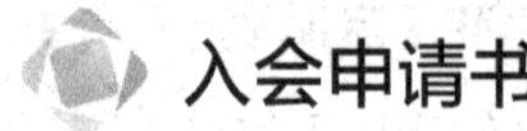

入会申请书

为了体现厂商共赢委员会的严肃性和重要性，必须由经销商本人主动申请加入，而不是由厂家指定人选。以下是经销商入会申请书样板。

【案例 10.5】厂商共赢委员会入会申请书

入会申请书

尊敬的公司领导：

我叫____，性别_____，___年___月出生。我公司____位于_____，与贵公司合作_____年，主要销售区域是___省___市___县，目前经营的品牌有_________。我公司有业务员_____名，配送车辆____辆，月平均配送_____天，年销售额_____万元，其中批发占比_____，零售占比_____。

我自愿申请加入贵公司厂商共赢委员会，维护贵公司市场流通秩序，服从贵公司和厂商共赢委员会主席的管理、监督和处理。积极参加厂商共赢委员会活动，行使委员的权利，履行委员的义务，维护公司和广大经销商的利益。

我与贵公司合作以来，在公司管理上_______；在深入了解市场方面_______；在对产品了解上_______；在处理与公司和其他经销商关系上_________；

如果我有幸成为厂商共赢委员会的一员，我决心做到以下几点：

1. 积极配合并参与厂商共赢委员会的各项工作。遵守厂商共赢委员会的基本章程，坚持贯彻执行委员会的各项方针政策，把握“厂商共赢”的主题，顾全大局，团结广大经销商。

2. 拓展知识领域。加强产品知识、公司管理知识的学习，珍惜每次培训学习机会，并积极与其他经销商分享。同时，作为一名委员，该有的参与政策、讨论政策的素养也需要不断提高。

3. 注重调查研究。从经销商和厂家的实际利益出发，以经销商和厂家所急、所盼、所需为出发点，选择与经销商利益相关的热点、难点进行深入思考，认真开展调查研究，为参与政策讨论和制定提供科学依据。

4. 积极建言献策。为广大经销商代言，将讲实话、出实招、办实事、求实效作为履行职责的出发点和落脚点，落实协调各方、厂商共赢、注重长远利益的观念，积极为谋求厂家和经销商的共同利益建言献策。

特此申请。

此致

敬礼！

申请人：

_____年____月____日

总结案例

巴迪斯厂商共赢委员会

把经销商组织起来，建立起一种销售界崭新的"情商"操作模式，不仅可以拉近经销商和厂家之间的距离，还可以在经销商之间建立起一种互信的关系，减少经销商主动窜货等扰乱市场秩序的行为，并自发处理市场窜货和低价销售。这无疑是一种激励经销商的有效方式。另外，厂家的决策在厂商共赢委员会上讨论决定，大大降低了决策风险，并有助于决策的贯彻执行，因为都是经销商代表自己讨论决定的，他们有理由反对自己决定的事情吗？

此外，厂家必须充分重视厂商共赢委员会的意见和讨论结果。试想，如果厂家都不够重视，又怎么能让经销商重视？既然决策层决定花成本去做，就应当做好，真正发挥厂商共赢委员会的作用。

我们来看一个厂商共赢委员会在中国适用并取得显著效果的例子。

巴迪斯公司创建于1992年，是一家生产铝天花、集成电器、铝幕墙等产品的综合性企业。巴迪斯在佛山南海的生产基地包括铝天花厂、异形板铝幕墙厂、集成电器厂，总占地面积达50 000平方米。公司现拥有员工近400人，技术人员80余人，其中高级职称的技术人员达30余人。公司年生产金属铝质天花500万平方米，金属单层铝异形板20万平方米，集成电器50万台，生产能力占据行业领先位置。

2014年12月21—22日，巴迪斯集成吊顶厂商共赢委员会成立仪式暨品牌战略研讨会在河北张家口金凤大酒店二楼会议厅隆重召开。从此，厂商共赢委员会正式成立并一直发展至今，不断规范和完善。18位厂商共赢委员会的委员经过民主投票选举产生，公司颁发聘任书。委员参会统一配饰，如围巾、胸花、服装等。委员会有自己的会歌，制定相关纪律章程。公司还专门设置了网站，对厂商共赢委员会进行介绍，推送每届厂商共赢委员会的新闻动态。另外，每位公司聘任的委员信息都可在网站上查到，让其他经销商认识，并反映问题。其规范与重视程度，可见一斑。

巴迪斯厂商共赢委员会共有18名委员，包括公司高层和公司优秀经销商代表。会长一名，由委员会委员民主选举产生。每届厂商共赢委员会每次会议的召开，都受到厂家和经销商代表的高度重视。会议专门选择在风景名胜所在地召开，消除委员的压抑感，在轻松的环境下商讨对策，组织得十分规范和谐。

比如，2015年10月10日，巴迪斯“聚智赢未来”的第一届厂商共赢委员会二次会议在美丽的春城昆明拉开帷幕。巴迪斯掌舵人龙总、郭总及郑珍明会长等18名委员会成员全部出席会议。借该届厂商共赢委员会第二次会议的契机，委员会对2015年的工作做出总结，并就“品牌规划”“品牌定位”“品牌视觉”“传播策略”“产品企划”“大数据应用”“服务培训”等主题进行沟通和分享。委员们秉承巴迪斯厂商共赢委员会“合作、开放、共赢”的宗旨集思广益、积极发言、各抒己见，共同为巴迪斯的发展出谋献策。最后，巴迪斯总经理总结，纵观目前集成吊顶行业，机遇与挑战共存，希望与困难同在。巴迪斯的发展还有赖于众多经销商的支持，厂商合作，万众一心，才能为巴迪斯的美好明天添砖加瓦，在实践中探索厂商共赢之道。

思　考

1. 某厂家领导参加了新蓝海咨询的《厂商共赢模式》公开课后，发现有很多好处，回去后马上就成立了厂商共赢委员会。经过几次会议后，厂家发现，在会议上经销商也提不出什么有价值的意见，认为厂商共赢委员会的效果一般，把十几个经销商代表组织在一起开会，既花钱又花时间，劳民伤财，最终决定取消厂商共赢委员会。你同意该厂家认为厂商共赢委员会劳民伤财并决定取消这样的做法吗？为什么？
2. 结合本章内容和你公司的实际情况，列出你公司的厂商共赢委员会应履行的职责。
3. 某化妆品厂家经过市场调研，决定推出一款厂家认为很有市场的新品系列，要求经销商分销。新品上市两个月了，还没有一家经销商主动进货。为了改变这种局面，公司市场部制定新品进货政策：每位经销商按照一定销售比例给予新品铺货，而且必须在当月 10 日前将铺货的新品拿完，否则停止所有产品的发货。经销商面对这种高压政策，不得不将新品配额拿回自己的仓库……到了 12 月 25 日，按照合同规定，经销商必须把厂家当年铺货的货款与厂家结清，由于新品没有销售出去，经销商都将原来铺货的新品退回公司，公司为此损失近 8 000 万元。问题出现后，公司马上组织人力进行问题调研，发现这款新品尽管有市场，但是新品的销售渠道与公司现有产品的销售渠道不一样，消费者也不一样。原来的化妆品价格低，平均 6 元一瓶，这些产品通过批发渠道销售，消费市场大多在乡镇和农村。而新推出的新品系列单价在 120 元左右，这样的化妆品大多通过专卖店、精品店销售，消费者大多分布在县城以上级别的市场。要推广新产品，经销商就必须开发新渠道，公司就需要培养新客户。难怪新品卖不出去，这个教训花了 8 000 万元！请问该厂家如何避免这种情况再次发生？

第 11 章

年会激励

一场成功的经销商年会，是厂家激励经销商最好、最快、最有效的方法，比促销、培训、返利……更加有效。

——梅明平

企业痛点

★ 经销商年会事先没有认真准备和策划，只当例行公事一样应付。结果年会办成了喝酒会、感情联络会、打麻将会、旅游会、订货会、表彰会。

★ 经销商年会上宣读最多的就是下一年的任务。没有上一年度总结和分析，没有下一年度市场行情预测和相应的推广宣传计划。

★ 年会上经销商进进出出，手机响个不停。年会环境一般，投影仪不清晰，光线昏暗，会议室破旧，中途离场的人员不断。

★ 花低价从外面请了一位 30 岁刚出头的讲师在年会现场对经销商培训，老师情绪昂扬、唾沫横飞，下面鼾声此起彼伏。

本章重点

阅读本章后，你能够了解：

- 经销商年会的主要内容
- 经销商年会时间和地点的选择
- 参加经销商年会的人员
- 如何策划经销商年会议程
- 如何制定经销商年会费用预算
- 经销商年会欢迎函的内容

要提高经销商年会的效果，必须科学地设置经销商年会的内容。

经销商年会是一年一度的盛会，主要目的是答谢客户、鼓舞士气、促进战略分享和增进目标认同，对于经销商激励起着十分重要的作用。厂家要充分利用这个机会体现厂家的实力，展现厂家的远景规划，要让其他所有经销商看到，厂家对付出努力的经销商给予的荣誉，以及新的一年所展现出的希望。会议要达到“让经销商高高兴兴来，让经销商带着激情去”的目的。

召开经销商年会，是厂家与经销商实现多层面沟通的一种有效方式。经销商参加厂家的年会，首要目的就是要了解厂家新一年的销售政策，向厂家咨询更多经营策略，以及学习同业经验。而厂家的目的，则是要提升经销商的忠诚度，激励经销商，促使其进一步加大市场投入，更好地实现经营目标。同时，经销商年会还能吸引更多的潜在经销商前来加盟签约，进一步实现企业销售网络的扩张。如何召开经销商年会，更好地发挥其情感沟通和信息沟通的桥梁作用，被越来越多的企业所重视。

笔者总结出了以下年会实施步骤，供厂家参考。

确定年会主要内容

要根据经销商年会的主题对年会的活动内容进行设计。有以激励为主题的，有以培训为主题的，有以沟通为主题的，也有以合作为主题的。根据突出的主题，设计相应的内容和议程，避免面面俱到却没有突出的中心。比如，厂家的目标是主推新品，那么从年会的前期准备、会场的布置（摆放新品的样品、易拉宝、宣传资料、POP 等），包括组织专场的新品推介会等，都要围绕新品来开展，突出新品的主题，吸引经销商的注意力。经销商年会一般有以下主要内容：

- 年度总结及表彰
- 宣布新的经销商管理政策
- 经销商下年度销售竞赛计划
- 让广告代言人与经销商见面
- 签订下年经销商合同
- 宣传厂家新的发展举措，如广告计划、新厂房的建设、合作计划等
- 新产品发布会
- 订货会

会议主要内容要吻合当前市场实际需求，应该具有时尚、新颖、独特之处；

会议目的与主题息息相关，原则上，一次会议的目的应该尽量单纯。

【案例 11.1】三棵树漆营销中心经销商年会

3 月 28 日，三棵树健康+新标准全球发布会暨营销中心经销商年会在三正半山酒店凌云厅隆重召开。三棵树全国经销商代表共 1 000 余人到场，解读新战略，聚力大发展。

小技巧：关于年会内容，不仅要与销售部的上下级沟通，还要与其他部门沟通，如财务部、物流部、研发部、市场部、后勤部、法务部，也许他们也想利用这次见面的机会向经销商传达一些注意事项。

笔者认为，经销商年会最重要的是激励经销商。年会是一次打气会、充气会、充能会。通过这次年会，让经销商充满激情，回去后就马上拼命地卖产品。这就是年会的目的！如果达不到这个目的，只是吃喝玩乐，那这次会议宁可取消。

所以，年会的内容要围绕打气这个核心来安排。什么内容能够给经销商打气呢？笔者认为，最重要的有以下 4 个内容。

一是上年度出现的问题的解决方案，如产品断货问题、退换货问题、终端垫资款报销问题、区域广告费兑现问题等，这些积压问题如果不处理好，经销商就不会全力以赴投入下一年度的任务中。

二是下一年度厂家新的销售支持政策，如新产品、广告投放、终端支持、促销支持、人员支持等。这些支持政策能够给经销商带来希望，让他们感觉有强大的后盾在支持他们冲锋。

三是对上一年度杰出的经销商进行奖励，热烈而又隆重。目的是让经销商知道，下一年度优秀的经销商也会获得这种荣誉，甚至比现在还热烈、还隆重。

四是出台下年度经销商的销售竞赛计划，并告诉他们优胜者将获得什么。比如，优胜者将获得价值 30 万元的汽车一辆，同时还可以带 2

位家人前往夏威夷旅游；并将价值30万元的汽车展示在会场中，同时在大屏幕上播放夏威夷的风光片，以激发经销商获胜的欲望。

确定年会时间

年会一定要在年底召开吗？一定要选择在元旦或春节前吗？

答案是：当然不一定！

经销商年会要保证重点经销商都能到场，所以时间的选择和事先的充分沟通非常重要。很多厂家会选择在元旦或春节前召开经销商年会，但对于消费品经销商和厂家来讲，元旦和春节是一年当中的销售黄金时间，在这之前开会势必有多人缺席，加之节前厂家准备匆忙，会议信息传递效果会大打折扣。

所以厂家可选择产品的销售淡季来召开年会，这样既保证了参加会议的经销商人数，又保证了厂家有充裕的时间进行会议准备工作，使会议收到实效，而不仅仅流于形式。比如，武汉今晨事业有限公司在每年的4月召开经销商年会，因为4月为其产品牙刷的销售淡季。

小技巧：经销商年会的召开时间与经销商的合同到期时间需要有一致性，因为年会上需要总结上年业绩，宣布下年销售计划和签订合同。

公司产品经销合同截止日期不一定非要在12月31日，可以考虑每个季度的最后一天，即3月31日、6月30日、9月30日和12月31日。如果4—5月是淡季，则合同有效期截止到3月31日，年会选择在4—5月的淡季召开。

选择年会地点

地点的选择应根据厂家的实力而定。一般选择的地点如下。

（1）厂家总部。如果总部条件较好，可选择在厂家总部所在地开会。这样可以在会议期间安排参会人员到厂家总部办公楼、荣誉展厅、生产现场等地参观，提升厂家在经销商心目中的形象。

（2）优秀经销商所在地。选择优秀经销商所在地开会，可以现场观摩、学习交流，同时鼓舞当地经销商。

【案例 11.2】在优秀经销商所在区域召开经销商年会

重庆是某厂家销售最好的经销商所在地，终端覆盖率、产品陈列面、员工管理、促销活动等在全国经销商中都处于领先地位。

为了让全国其他经销商实地参观，学习经验，厂家选择在重庆召开经销商年会。在会议期间，让参会经销商参观当地 KA 卖场的产品陈列，由当地经销商的卖场促销员、业务员及销售经理介绍 KA 卖场的管理操作经验。此次会议给予了参会经销商很大的触动。会后，大多数经销商都积极主动进入了当地的 KA 卖场，厂家的销量有了大幅提升。

（3）宾馆酒店。可选择四星级、五星级酒店，如广州某集团在古镇五星级酒店召开经销商年会。

（4）风景名胜所在地。经销商在闲暇之余可以欣赏祖国名山大川、人文景观，陶冶情操，提升文化底蕴。但这种形式的会议组织工作难度大、费用高。

确定参会人员

经销商年会，不是说只允许经销商参加。根据会议性质，可以邀请相应的人员参加。参会人员一般包括以下几类。

（1）经销商。可以根据情况选择全体经销商或部分经销商来参加会议。

（2）优秀经销商的家人。根据会议性质，可以考虑邀请各区域优秀经销商携家属一同参加，一来可以融洽客情关系，二来可以促进经销经销商人对厂家工作的支持。如美国卡特彼勒就希望经销商带上自己的孩子参加经销商年会，组织孩子参观工厂和公司，培养第二代经销商。实际上，卡特彼勒从1925年诞生起，经销商已经经历了第三代、第四代。经营权在家族内的传承，确保了卡特彼勒工业挖掘机全球第一的领先地位。

（3）经销商的优秀销售人员。很多情况下，销售产品是经销商的销售人员的工作。邀请经销商的优秀销售人员参加年会，有利于激励经销商的销售人员销售更多的产品。

（4）负责经销商的厂家销售人员。他们负责在会议期间组织经销商，包括到会、签约、进餐及维持会场纪律等。

（5）销售部的其他人员。他们负责协助会议的其他工作。

（6）市场部的其他人员。他们负责收集市场信息、产品信息，进行产品展示等。

（7）厂家高层领导等。他们负责致开幕词、颁奖和答疑。

（8）其他人员。如厂家所在地的政府官员、行业协会领导、广告公司、供应商、新媒体等。

策划会议议程

领导致欢迎词

由企业最高领导致辞，宣布会议开始。欢迎词的内容主要包括：欢迎大家与会；企业上年工作总结；企业目前面临的问题；企业未来的工作重心；企业将来的发展蓝图等。

【案例 11.3】某厂家总经理在经销商年会上的致词

大家好！欢迎经销商朋友和各位合作伙伴参加一年一度的经销商年会。

在经销商的共同努力下，公司产品已成为全国著名品牌。在此，我代表公司，向你们表示衷心的感谢！今年，公司将给予经销商前所未有的大力度支持，拉开第二次飞跃的序幕。同时，为确保经销商的利益，公司制定了一系列政策，今天上午，我们将就这些政策与各位进行沟通。

在公司发展面临第二次飞跃的大好形势下，在行业面临严峻竞争的情况下，我们既存在危机，又面临更大的机会。让我们一起，面对新的环境，调整自我、更新布局，以便冲出重围，在公司的发展历史上添上浓重的色彩，画上重重的一笔，让今年成为再次腾飞的起点，让我们所有的经销商成为再创辉煌的英雄！

最后，祝会议取得圆满成功！

谢谢！

回顾销售工作

一般由销售部总监、市场部总监或营销副总裁作报告。工作回顾是经销商年会最为常规的内容，主要包括：本年度企业大事；销售计划完成情况总结；市场情况总结，含促销、广告、激励政策、市场管理等；企业获得的荣誉等。

交流经验

一般由优秀经销商代表发言。内容包括：区域市场操作经验；经销商心得体会；优秀零售商卖场管理经验；产品促销经验等。

公布下一年度工作计划

下一年度工作计划是较为敏感的话题，关系到经销商未来最切身的利益，应尽量提出普遍性计划，避免细节性计划，并强调公司支持力度。一般包括：下一年度目标；经销商政策；广告投入计划；新产品开发计划；下一年度销售竞赛计划等。

培训经销商

由于经销商的水平参差不齐，各自的发展阶段和所处的经济区域也不尽相同，因此，厂家最好能在年会举办前做一些问卷调查，了解经销商的真实需求，看他们是想听一些渠道管理的课程，还是业务管理、财务管理、人力资源管理的课程，根据普遍需求，聘请相应的讲师，设计相应的课程。只有这样，培训才能收到实效。一般情况下，培训经销商需要确定以下内容。

（1）培训时间。一般为半天、1天或2天。

（2）培训讲师。由厂家人员和外聘讲师相结合。

（3）培训内容。包括企业文化、产品知识、行业知识、公司化运作、员工管理、促销技巧、终端开发与管理、品牌建设、政策法规等。

（4）培训作用。统一经销商认识，激发经销商经营热情，进一步提升经销商的管理水平及市场操作技能，增强经销商对厂家的向心力、凝聚力，最终达到厂家和经销商协同发展的战略目的。

【案例 11.4】AOC 冠捷经销商年会上的培训

全球最大的显示器制造商 AOC 冠捷，在经销商年会举办之前，由销售人员负责联系并收集经销商需求问题，确定经销商在销售中遇到的若干问题，聘请相关领域专业的经销商培训讲师。不但解决了经销商所遇到的销售问题，还加深了经销商与厂家之间的关系，并为下一年度的品牌建设、销量增长打下了坚实的基础。

小技巧：厂家在选择培训师的时候不一定非要聘请大牌培训讲师，他们很多是讲战略、管理这些宏观课程出身的，缺乏对一些市场细节的了解，因此并不见得能够满足经销商的需要。适合企业的才是最好的，经销商培训邀请的培训师一定要是有实际市场操作经验的营销专家，他们有丰富的实战经验，在培训时往往能够将理论与实际紧密结合，从而更具指导意义，更受经销商的欢迎。

搜索引擎十分快捷方便，企业上网搜索经销商培训就有很多相关的讲师和课程信息，企业可以根据兴趣进一步了解，找到合适的培训讲师。

新蓝海经销商培训讲师大联盟（www.jxspxjs.com）是中国专业的经

销商培训师资供应商，是企业培训经销商的门户网站，已为几千家企业的经销商进行过培训，经验丰富，培训满意度高。

举行颁奖仪式

对上一年度的优秀经销商进行奖励，为其颁发奖杯、证书和奖品，从精神上和物质上来激励他们，同时也极大地刺激了其他经销商。颁奖仪式内容包括：节目表演；品牌形象代言人见面；抽奖；颁奖；晚宴等。

在奖品的设置上应避免直接以企业产品、现金等作为奖励，防止事后影响厂家整体产品价格体系。可将笔记本电脑、手机等作为奖品，也有很多企业将旅游作为奖励。对于其他与会的经销商，也可赠送一些礼品。

颁奖晚宴要安排几个精彩的节目，如年轻人的劲歌劲舞、魔术师的表演、流行歌曲演唱等，使经销商的情绪逐渐升高。还要有抽奖活动，以便吸引没有获奖的经销商参与其中。奖品要有吸引力，现场抽奖要和文艺节目、优秀经销商颁奖穿插进行，最后抽大奖、颁大奖，使经销商的情绪达到高潮。第二天早上，送上年度的优秀经销商到机场，参加出国旅游等。

【案例 11.5】给优秀经销商颁奖

3 月 29 日晚，在三棵树隆重的经销商晚宴后，三棵树优秀经销商表彰大会及三棵树营销中心年会晚会在三棵树三楼多功能厅拉开帷幕。不仅现场为经销商送出奔驰大奖，更有三棵树员工及经销商联袂出演的精彩歌舞节目表演，本次年会至此圆满落幕。通过此次年会，营销中心与各地经销商零距离沟通，未来大家将进一步加强服务合作，赢得新竞争，共创新未来！

【案例 11.6】某厂家经销商年会议程

会议主题：经销商年会

经销商进场（8:45—8:55）

一、主持人欢迎和介绍领导、来宾……………………（9:00—9:10）

二、总经理致辞…………………………………………（9:10—9:20）

三、市场部经理介绍新产品推广计划…………………（9:20—10:20）

四、销售部总监介绍经销商销售政策…………………（10:20—11:20）

五、经销商代表分享经销产品的经验…………………（11:20—11:30）

六、经销商顾问委员会代表介绍经验…………………（11:30—11:40）

七、新经销商代表谈会议感想…………………………（11:40—11:50）

八、主持人宣布经销商年会结束………………………（11:50—12:00）

九、经销商吃午餐（三楼国贸厅）……………………（12:10—13:30）

十、经销商修改《年产品限量分配表》………………（13:30—15:30）

十一、经销商顾问委员会会议…………………………（15:30—18:00）

十二、颁奖晚宴（三楼国贸厅）………………………（18:30—20:00）

发出年会邀请

在向经销商发出邀请时，一定要注意会议邀请函的设计。经过精心设计的会议邀请函不仅要标明会议时间、用餐地点和时间，还应有详细的会议议程、各个时段的主题和发言人。最为重要的信息是会务组工作人员的联络方式及其分工，这些信息能大大方便与会者在需要时顺利地找到正确的人。

控制年会现场

在会议现场布置上，户外指示牌、横幅、会议主题形象、签到处、会议代表牌、工作牌、座位牌、会场背景、新产品 POP、造型等都需要仔细推敲。形式呆板会让会场气氛显得沉闷，经销商在大部分时间里心不在焉。组织者在提高效率、精简内容的同时，还可以多注意会议的形式，如介绍中穿插笑话、有趣的图片、有趣的小节目、游戏、声光电结合的幻灯片等，让人轻松一刻、会心一笑，调节会场的气氛。

会议的主持人通常挑选嗓音动听、形象气质好的人。每个发言人的发言时间不能过长。会议应该注意增强互动性，进行双向交流。如果参会人数多，可以考虑除了召开年会外，再举行一些分组会议和讨论。

会后评估

要及时向经销商了解会议中的问题和解决建议，检测会议目标是否达成，并针对问题采取行动，同时提出经销商在哪些方面予以配合，并给出具体的可落实到行动上的建议。

制定年会费用预算

不同类型的经销商年会成本预算不同，会议成本还包括会议期间的旅游和食宿费用。

会议的费用预算应该越周全越好，如会场租金、参会人员的饮食和住宿费用，以及其他的额外费用（原则上占到预算总费用的 5%～10%）都应充分考虑。

【案例 11.7】某企业小型经销商会议预算

经销商会议费用预算明细

名　称	明　细	合　计
会场租金	酒店会议室	800 元
餐费	27 日晚餐	3 000 元
	28 日早餐	1 600 元
	28 日午餐：8 桌×600 元/桌	4 800 元
住宿费（客户）	18 间×250 元/间	4 500 元
住宿费（地区经理）	10 间×150 元/间	1 500 元

续表

名　称	明　细	合　计
其他杂费		1 100 元
合计		17 300 元

准备年会欢迎函

当经销商进入年会场地后，应为他们送上一份欢迎函。一方面让经销商感受到厂家的热情接待，另一方面对邀请函的内容进行补充，让经销商更加明确会议期间的活动内容及时间安排，以创造一个轻松愉快的会议环境。欢迎函包括会议期间的安排和会议议程。以下是某厂家经销商年会的欢迎函。

【案例 11.8】福田电器厂商共赢委员会

欢迎函

各位尊敬的来宾：

您好！欢迎您参加××公司经销商会议，一路上辛苦了！本次会议共 2 天，有关安排如下。

日　期	时　间	事　项	地　点
12 月 10 日	下午 14:00	报到入住	酒店大堂
12 月 11 日	早上 7:30—8:30	自助早餐	一楼西餐厅
	上午 9:00—12:00	会议	三楼 2 号会议厅
	中午 12:15	中式午餐	二楼兰苑厅
	下午 14:00	会议结束	

会议期间您如果需要帮助，请与我公司张先生或各自销售区域经理联系，如有不便之处，敬请见谅。

注：张先生联系电话　1380×××××××

总结案例

广东某公司经销商年会策划

一年一度的经销商年会是许多经销商期待的项目，尤其是业绩好的经销商。通过年会，总结过去、展望未来，让经销商充满希望，真正实现厂商共赢、和谐发展。

一、参会对象

1．与厂家签订合同的经销商

2．优秀的批发商

3．所有专卖店加盟商

二、会议地点

1．五星级酒店

2．风景名胜景点

3．香港或国外

三、会议流程

1．董事长致辞并宣布会议开始

2．上年业绩回顾

3．下年销售政策

四、颁奖晚宴

1．小车奖励

（1）今年销量第 1 名且无窜货和低价处罚记录的经销商，奖励 30 万元的小车一部。

（2）今年销量第 2 名且无窜货和低价处罚记录的经销商，奖励 20 万元的小车一部。

（3）今年销量第 3 名且无窜货和低价处罚记录的经销商，奖励 12 万元的小车一部。

2．旅游奖励

(1)今年销量排行榜前20名且无窜货和低价处罚记录的经销商(前提是完成年度销售任务)。

(2)旅游地点：巴厘岛(或其他地点)。

3．宣布下年小车、旅游奖励计划

五、会议结束

思　考

1. 有些厂家的领导认为，经销商年会不就是让经销商与厂家见个面，加深厂商之间的感情，组织经销商吃吃喝喝、游山玩水，让经销商高兴吗？你是否同意这个观点？为什么？
2. 经销商年会的核心不仅仅是总结过去，还包括面向未来；重点不仅仅是给过去获奖的经销商颁奖，还包括宣布新年度的奖励计划以激励经销商接下来努力工作；重点不仅仅是沟通感情，给经销商打气，提高经销商的忠诚度。你如何看待这种观点？
3. 请结合本章内容与你公司的实际情况，确定接下来所召开的经销商年会的主要内容。